LES GRANDES ENTREPRISES GÉOGRAPHIQUES

LES GRANDES
ENTREPRISES GÉOGRAPHIQUES

DEPUIS 1870

AVEC CARTES CHROMOLITHOGRAPHIÉES

Par M. le Vicomte DE BIZEMONT

LIEUTENANT DE VAISSEAU,
MEMBRE DE LA SOCIÉTÉ DE GÉOGRAPHIE DE PARIS
ET DE LA SOCIÉTÉ DES ÉTUDES MARITIMES ET COLONIALES

L'AFRIQUE

*La première édition se vend au profit des explorations
françaises en Afrique*

Prix : 3 francs

PARIS

LASSAILLY, GÉOGRAPHE-ÉDITEUR

61, RUE DE RICHELIEU, 61

1876

PRÉFACE

Le Français est-il de sa nature, ainsi qu'on l'a souvent
prétendu à l'étranger et même chez nous, obstinément
indifférent au développement de la civilisation et du commerce dans les contrées lointaines? N'a-t-il que du dé-
dain pour les courageuses entreprises qui ont pour but de
diminuer sans cesse l'étendue des contrés encore inconnues de l'homme? Pour notre part nous ne le croyons pas
et notre histoire nationale nous encourage à le nier. Elle
nous prouve, en effet, que nous nous sommes passionnés
jadis pour les découvertes payées trop souvent d'un sang
généreux ou tout au moins de précieuses santés; trop
longue serait même l'énumération des entreprises audacieuses qui ont illustré plusieurs de nos compatriotes.

A quelle cause doit-on donc attribuer la torpeur dans
laquelle nous sommes restés plongés si longtemps, l'ignorance du public et l'apathie des gouvernements pour tout
ce qui touchait au développement de la science géographique? Sans doute aux convulsions trop fréquentes qui
ont agité notre pauvre pays, absorbant toutes nos facultés
dans de continuelles reconstitutions sociales et politiques.
Il faut les loisirs et le calme de la paix intérieure et exté-

rieure pour qu'un peuple puisse songer au développement de sa puissance, de son influence et de son commerce dans les régions lointaines ; il faut qu'un gouvernement soit assuré du lendemain et libre de toute préoccupation immédiate et locale pour qu'il puisse concevoir un plan de colonisation ou d'exploration, et en suivre l'exécution avec cet intérêt soutenu qui seul peut encourager et stimuler.

La Société de Géographie de Paris fait sans doute ce qu'elle peut pour provoquer des expéditions, mais ses ressources ont été jusqu'à présent très-limitées. Les subventions qu'elle pouvait accorder ne suffisaient pas pour des entreprises de longue haleine, et souvent les audacieux explorateurs se sont vus forcés de reculer en laissant leur tâche inachevée faute de fonds suffisants. Depuis quelques années, cependant, cette Société a pris un développement considérable : le nombre de ses membres a doublé, et plusieurs sociétés-sœurs se sont formées à côté d'elle. Cette heureuse impulsion doit être attribuée à trois causes principales : En premier lieu la triste guerre de 1870-71 a prouvé au public français que la géographie ne peut être négligée impunément ; puis est venu le congrès des sciences géographiques à Paris, où nos premiers efforts de régénération ont mérité les éloges et les encouragements des savants accourus de toutes les contrées civilisées ; enfin, l'énergique et intelligente direction, donnée par le Président actuel, a largement contribué à faire entrer dans la voie des études sérieuses un grand nombre de jeunes gens appartenant aux professions libérales et au commerce.

Nous avons vu naître et se populariser rapidement des

publications qui jadis ne pouvaient intéresser qu'une classe restreinte d'hommes spéciaux : l'*Année géographique* du savant M. Vivien de Saint-Martin, l'*Explorateur*, journal hebdomadaire, organe de la Société de Géographie commerciale, la *Revue géographique internationale*, de M. Georges Renaud, les cours pédagogiques de M. Levasseur, membre de l'Institut, où la géographie est enseignée d'après une méthode nouvelle, intéressante et rationnelle, les magnifiques ouvrages d'Élisée Reclus, et bien d'autres dont le mérite justifie le succès. Nous voulons tenter aussi de fournir notre modeste pierre à ce magnifique édifice en présentant au public français une petite Revue des explorations scientifiques récentes.

Notre but est de lui donner les renseignements nécessaires pour mettre au courant des découvertes modernes les cartes qui sont entre ses mains et de l'intéresser, par quelques épisodes instructifs, à la vie aventureuse de ces courageux pionniers de la civilisation, qui affrontent les privations et les dangers pour les nobles et pacifiques conquêtes de la science. Nous voyagerons avec eux, nous inspirant de leur noble ardeur, applaudissant à leurs succès, nous apitoyant sur leurs déboires et leurs misères, nous arrêtant avec douleur et respect devant la tombe de ceux qui ont péri victimes de leur dévouement et martyrs de la géographie.

Pour permettre de bien suivre les principales explorations, nous joignons à ces petits livres quelques cartes et des croquis d'itinéraires ; on pourra ainsi rattacher les découvertes nouvelles aux points déjà connus et marqués sur les cartes.

Nous diviserons notre revue en plusieurs volumes,

dans le but de rendre l'ouvrage plus portatif et de permettre aux personnes qui s'intéressent plus spécialement à une partie du monde, de se procurer séparément le volume qui la concerne.

Il est bien entendu que nous n'avons pas la prétention de tirer de notre propre fonds toutes les matières que nous condensons en quelques pages ; nous aurons recours pour nous renseigner aux meilleures publications françaises et étrangères, et nous leur ferons même de fréquents emprunts.

Citons particulièrement l'*Année géographique*, de M. Vivien de Saint-Martin, l'*Explorateur* et la *Revue géographique internationale*, qui sont des mines inépuisables pour ce genre de travail. Grâce à de tels guides, nous pouvons promettre à nos lecteurs de ne pas les égarer dans nos voyages autour du monde.

LES

GRANDES ENTREPRISES GÉOGRAPHIQUES

DEPUIS 1870

I

AFRIQUE

Commençons par la partie du monde qui excite le plus d'intérêt pour plusieurs raisons : d'abord elle est la plus rapprochée de nous, et, en second lieu, elle est le théâtre, depuis quelques années, des explorations les plus audacieuses et les plus fructueuses; enfin, c'est encore en Afrique qu'il reste le plus de grands problèmes géographiques à résoudre.

Partons du détroit de Gibraltar et parcourons le Maroc, l'Algérie, la Tunisie, la régence de Tripoli et le Sahara, que nous devons considérer comme formant une seule et même région, au double point de vue de la géographie physique et des intérêts commerciaux.

CHAPITRE PREMIER

Maroc. — Du Maroc, nous avons peu de choses à dire. On sait qu'il est extrèmement difficile d'y pénétrer, la population ne pouvant supporter la présence des chrétiens dans les villes de l'intérieur. Toutefois, on peut lire avec intérêt le récit du voyage de M. Tissot, notre ministre plénipotentiaire dans cet empire. Le représentant de la France a déployé le zèle le plus louable pour utiliser, au bénéfice de la science, les facilités de transport et les immunités exceptionnelles que lui offrait sa position officielle. En quatre voyages principaux dans l'intérieur du Maroc, M. Tissot a pu résoudre d'importantes questions de géographie historique et déterminer les tracés des anciennes voies romaines, ainsi que les emplacements de plusieurs colonies de l'empire romain. Il a, en outre, fixé d'une manière précise les positions des principaux points culminants du massif montagneux qui couvre la plus grande partie du royaume de Fez.

Mais si les chrétiens ne peuvent, sans grandes difficultés, pénétrer dans l'intérieur du Maroc, il n'en est pas de même des Israélites, que l'on tolère dans toutes les villes de l'Empire, en leur faisant subir, il est vrai, les plus humiliants traitements. Aussi, la Société de Géographie commerciale accepta-t-elle avec enthousiasme les offres de service que lui fit, en 1874, le rabbin Mardochée, né dans la province méridionale du Maroc, et possédant des établissements commerciaux à Timbouctou, de lui apporter tous les renseignements qu'il pourrait obtenir sur l'intérieur du Maroc et sur le Soudan occidental. Ce ne fut qu'en 1875 que le rabbin Mardochée put entreprendre ses intéressantes explorations; nous lui devons de curieuses collections d'histoire naturelle, des moulages, des estampages, etc., recueillis dans le sud du Maroc et envoyés à Paris par l'entremise de M. Beaumier, consul de France à Mogador. La Société de Géographie de Paris lui a octroyé une petite subvention pour l'aider dans le voyage qu'il doit être en ce moment en train d'exécuter vers Timbouctou.

L'histoire du rabbin Mardochée est trop curieuse et trop caractéristique pour que nous ne la jugions pas digne d'être narrée en quelques mots.

Il naquit à Akka, d'une pauvre famille israélite. Dès neuf ans, pris d'une irrésistible envie de voyager, il quitta son misérable pays et parcourut successivement l'Espagne, le Midi de la France, l'Italie, la Grèce. Son intelligence, son activité, son infatigable zèle pour le travail, le firent remarquer des dignitaires hébraïques, et, après quatre années d'un labeur assidu à Jérusalem, il conquit le titre de rabbin. Se rappelant alors sa pauvre famille, il se mit en route pour Akka, franchit l'Afrique septentrionale, de l'Est à l'Ouest, et retrouva ses parents plus misérables encore qu'à son départ. Alors il conçut le projet d'aller à Timbouctou, ville fermée aussi rigoureusement aux israélites qu'aux chrétiens. Il partit avec son jeune frère Isaac et, en quarante-quatre jours de voyage à dos de chameau, à travers une région absolument aride, il parvint à Araouan, oasis située à sept jours de marche de Timbouctou. Là, les deux frères furent arrêtés par le gouverneur, le même qui avait déjà fait mettre à mort, en 1826, le major Laing. Ils allaient subir le même sort, lorsque Mardochée eût l'idée d'invoquer le texte même du Coran, et il parvint à démontrer à ses ennemis que ce livre sacré leur interdisait de mettre à mort un négociant, même d'une religion étrangère. Il obtint la permission de séjourner à Araouan, moyennant un tribut annuel, et sut y ramasser une petite fortune. En 1861, il acheta à prix d'or l'autorisation de se rendre à Timbouctou, et y pénétra à grand'peine et déguisé en Arabe. Là, il courut encore de grands dangers et dut une fois de plus racheter sa vie; rentré au Maroc, il retourna à Timbouctou avec une colonie d'israélites qui ne tarda pas à prospérer; mais chaque fois qu'ils envoyaient de riches cargaisons au Maroc, des bandes de pillards attaquaient les caravanes sur la route et anéantissaient tout le bénéfice des malheureux négociants. Le rabbin Mardochée était donc aussi pauvre que jamais lorsqu'il eût l'idée d'invoquer la protection de la France. C'est couvert de ce talisman qu'il compte renouveler ses tentatives, et nous sommes bien curieux de savoir s'il lui portera bonheur.

Algérie. — Hâtons-nous de quitter ce pays inhospitalier pour pénétrer dans notre belle colonie d'Algérie, où, du moins, nos savants peuvent travailler à l'aise et nos explorateurs trouver un appui chaleureux et de précieux encouragements. Aussi, les travaux géographiques de toutes sortes y sont-ils tellement nombreux que nous nous voyons, bien à regret, forcé de faire un choix parmi les plus saillants.

Actuellement, l'Algérie proprement dite est parfaitement connue; nos colonnes expéditionnaires ont parcouru en tous sens la partie du Sahara qui confine à nos possessions, et à leur suite des savants, militaires et civils, ont tracé la carte de toute cette région avec une précision qui ne laisse rien à désirer.

Mais, au-delà, tout ou presque tout reste à faire'; un grand problème se pose impérieusement et absorbe les efforts des savants, des ingénieurs et des explorateurs. Il s'agit de frayer une route à travers le Sahara pour atteindre le Niger près de Timbouctou, d'une part, et, d'autre part, d'aborder les rives du lac Tchad, au cœur même des empires du Soudan. Il est facile de concevoir que le commerce de notre colonie soit puissamment intéressé à la réalisation de ce plan. Autrefois, le trafic du Soudan, qui est très-important, venait volontiers aux nombreuses oasis qui sont comme les postes avancés de l'Algérie sur le Sahara : Touggourt, El-Goleah, étaient fréquentés par de nombreuses caravanes. Mais, dans les premiers temps de la conquête, nos voisins profitèrent du désarroi qui régnait nécessairement dans notre jeune colonie pour s'emparer à leur profit de tout ce riche commerce. Les caravanes du Niger prirent la route du Maroc; celles du lac Tchad se dirigèrent vers Tunis et Tripoli. Aujourd'hui le pli est pris, et on ne peut se dissimuler qu'il ne soit très-difficile de détourner de nouveau le courant, d'autant plus qu'il faut lutter contre le fanatisme musulman, stimulé par des influences étrangères, et, de plus, contre les mauvaises dispositions des Touaregs, ces bandits du désert qui ne sont musulmans que de nom, mais abritent volontiers sous le croissant leurs pillages et leurs assassinats. La difficille entreprise de pénétrer au cœur du Sahara a été abordée dans ces derniers temps de diverses manières. Les uns, intrépides voyageurs, ont cherché à se frayer un chemin à force d'énergie et de patience en s'avançant presque seuls dans ces redoutables parages ; d'autres, ingénieurs audacieux, stimulés par l'exemple du grand chemin de fer du

Pacifique, ont proposé de jeter une voie ferrée à travers
le Sahara, et divers tracés sont aujourd'hui projetés et
discutés sérieusement; enfin, des officiers de notre armée,
soutenus par l'autorité de personnages influents et com-
pétents, ont songé à introduire la mer dans une partie
de cet immense désert dont le niveau de sable paraît
être de quelques mètres inférieur à celui de la Méditerranée. Commençons par suivre les explorateurs dans
leurs émouvantes entreprises.

Exploration Dournaux-Dupéré. — Les premiers qui
s'aventurèrent dans cette voie furent victimes de leur
audace, et, en ouvrant le catalogue des explorateurs en
Afrique, nous avons le regret de débuter par une la-
mentable catastrophe. Déjà, depuis plusieurs années,
M. Dournaux-Dupéré s'était enthousiasmé pour l'idée
d'une voie commerciale traversant le Sahara et mettant
en communication nos deux colonies de l'Algérie et du
Sénégal. Après avoir mûrement étudié cette importante
question, il s'était arrêté à un tracé contournant les oasis
du Touât, passant par Timbouctou, puis gagnant le Sénégal, soit par Ségou, soit par Oualàta. Dournaux-Dupéré
parvint enfin à faire partager ses convictions à la Chambre de commerce d'Alger, qui mit à sa disposition la
somme nécessaire pour l'exploration de la nouvelle route.
Il partit vers la fin de février 1875 avec un négociant
français établi à Touggourt, M. Joubert. Les deux voyageurs arrivèrent sans encombre à Ghadamès à la fin de
mars et en repartirent le 12 avril pour atteindre Ghât.
C'est dans ce dernier trajet qu'ils furent assassinés par
des Touaregs dont leurs guides s'étaient faits complices,
assure-t-on. Il convient de dire, toutefois, que les cir-
constances de ce déplorable événement n'ont jamais été
bien connues. Un des poignards ayant servi à consom-

mer cet odieux attentat figurait à l'Exposition du congrès
géographique de Paris.

Exploration Soleillet. — Vers la même époque, un autre voyageur, non moins ardent et non moins dévoué
aux intérêts de notre colonie d'Afrique, M. Paul Soleillet,
soumettait à la chambre de commerce d'Alger un autre
plan d'exploration aboutissant également au Sénégal. Il
différait en ceci de l'itinéraire de M. Dournaux-Dupéré,
qu'il s'agissait, partant de Laghouat, de gagner le Touàt
en passant par le Mzab; le reste du tracé était identique.
M. Soleillet se mit en route à la fin de décembre 1873,
plus d'un an, par conséquent, avant Dournaux-Dupéré;
il nous pardonnera toutefois d'avoir cité son rival avant
lui : c'est un honneur qu'il a payé de sa vie. Il arriva
le 5 mars 1874 à l'oasis d'In-Çalah; mais il y trouva
une telle hostilité qu'il ne put franchir ce point, situé à
peu près à moitié route entre l'Algérie et Timbouctou.
Les chefs du pays prétextèrent de leur soumission à la
suzeraineté de l'empereur du Maroc et s'opposèrent formellement au passage d'un voyageur non muni d'une
autorisation en règle de ce souverain. Ce voyage ne fut
cependant pas stérile : M. Soleillet en rapporta une foi
profonde dans la possibilité d'établir un chemin de fer à
travers le Sahara, du moins dans la partie qu'il a visitée,
et cette conviction s'est communiquée depuis lors à plusieurs hommes sérieux dont nous examinerons plus loin
les théories séduisantes. D'après notre explorateur, il n'y
aurait aucun travail d'art à faire sur tout le parcours, et,
par suite, la pose de la voie ferrée entraînerait infiniment moins de dépenses que la construction du transcontinental-railway qui traverse les États-Unis de New-
York à San-Francisco. En effet, cette dernière ligne comprend plus de 5,000 kilomètres, tandis qu'il ne s'agit

ici que de 4,000 kilomètres à franchir, sans montagnes
à percer, sans avalanches à redouter, sans cours d'eau à
traverser (1).

Exploration Largeau. — Enfin un troisième explorateur mérite une mention toute spéciale à cause de son
énergie persévérante et des services éminents qu'il a
rendus à la science et aux intérêts du commerce algérien. M. Largeau a déjà illustré son nom par deux voyages remarquables et féconds en résultats sérieux.

Le premier fut entrepris avec le produit de souscriptions recueillies à Genève, à Lyon, à Paris, à Marseille,
en Algérie, et qui, somme toute, ne formaient au total
qu'un fond des plus modestes. M. Largeau partit d'Alger
en novembre 1874 ; il eut la bonne fortune de rencontrer
à Touggourt, à la porte du désert, un homme qui a droit
à l'éternelle reconnaissance de la France et de la géographie, l'agha Si-Mohamed-ben-Driss, dont l'énergique
appui contribua puissamment au succès de l'entreprise.
Cet intelligent arabe lui procura de bons guides et d'ex-
cellentes recommandations pour les chefs du Sahara avec
lesquels il entretenait de précieuses relations d'amitié,
comme administrateur du pays de l'Oued-Rhir et du
Souf. Accompagné seulement de trois indigènes, M. Largeau remonta d'abord le lit desséché de la rivière Igharghar qui, prenant sa source dans le massif montagneux
du Hoggar ou Ahaggar, versait jadis ses eaux dans l'Oued-

---

(1) A la date du 13 janvier 1876, M. Soleillet se proposait de
repartir pour le Sahara. Mais, cette fois, il devait se rendre de
Moghador à Timbouctou par Akka et Bendouf. Pour le retour,
il prendrait la route d'Algérie jusqu'à In-Calah, puis rentrerait
en Europe, soit par Ghât et Mourzouck, soit par Ghadamès et
Tripoli. Nous ne savons où ce projet en est en ce moment.

Mia, dont le cours est encore peu connu; ces deux rivières réunies formaient l'Oued-Rhir; cet important cours d'eau alimentait probablement l'antique mer intérieure, nommée lac Triton, qui communiquait avec la Méditerranée par le fond du golfe de Gabès, et dont nous aurons à nous occuper plus loin. Remarquons en passant que M. Largeau, dont l'opinion n'est pas sans poids, puisqu'il parle *de visu*, croit fermement à la réalité de cette ancienne mer intérieure, et il appuie son opinion sur la configuration du pays et sur les légendes des indigènes. Il donne même de la disparition de cette masse d'eau une explication qui mérite d'être citée :

« Le déboisement des hauts plateaux et des plaines a été, selon moi, la première cause de cet immense effet; à la suite du déboisement, la couche végétale, peu épaisse, sans doute, s'est désagrégée lentement (comme le grès lui-même de nos jours), puis a été balayée par les vents d'Est dont rien n'entrave la violence; les pluies périodiques, qui fertilisaient ces plateaux et ces plaines, ont été remplacées par de rares, courts et violents orages, dont les eaux, au lieu de s'infiltrer pour alimenter les sources, glissent rapidement sur les masses rocheuses et sont bientôt absorbées par les rayons du soleil. » Cette théorie n'est, d'ailleurs, que l'histoire de plusieurs régions, jadis renommées pour leur prodigieuse fertilité, et qui ne présentent aujourd'hui à l'œil attristé du voyageur que le spectacle d'une désolante aridité.

Le projet primitif de M. Largeau était de se diriger tout droit vers In-Çalah; mais le pays se ressentait encore trop de la commotion causée par l'insurrection de 1871, et la malheureuse issue de l'expédition Dournaux-Dupéré prouve surabondamment la sagesse de la détermination que prit M. Largeau d'incliner sa route vers le Sud-Est. Il gagna d'abord les puits d'eau salée d'Hassi-

Bottin, puis, après vingt jours de route, à raison de dix lieues par jour, il atteignit Ghadamès. Il eut la bonne fortune d'y trouver installé un nouveau caïmacan, récemment nommé par le bey de Tripoli, Si-Mohamed-ben-Aïcha, homme droit et éclairé qui accueillit à merveille notre compatriote; il le mit en relations avec les principaux commerçants du pays et lui donna tous les renseignements désirables sur le commerce du Soudan et les principales voies suivies par les caravanes.

M. Largeau, ne perdant pas de vue que le but principal de son voyage était d'établir des relations commerciales entre l'Algérie et les principaux centres de trafic du Sahara, profita des bonnes dispositions des Ghadamésiens pour établir avec eux une convention écrite par laquelle ils s'engagent :

1° A recevoir comme des frères les négociants et les savants qui accompagneront M. Largeau à son voyage subséquent;

2° A les loger dans leur ville ;

3° A se rendre à leur tour dans nos marchés du Sud, s'ils sont satisfaits de cet essai de commerce.

Il est inutile d'insister sur l'importance de ce traité qui devait ouvrir à l'Algérie la principale route du Soudan.

Ces résultats obtenus, M. Largeau regagna Touggourt par la route du Souf qui, sans être parfaite, est cependant beaucoup moins pénible que celle de l'Igharghar. Il mit vingt-quatre jours à effectuer son voyage de retour.

Aussitôt rentré en France, l'infatigable voyageur se mit à l'œuvre pour organiser sa seconde expédition ; ainsi que l'y autorisait le traité de commerce conclu avec les autorités de Ghadamès, il désirait emmener avec lui deux catégories de compagnons de voyage : 1° des savants de diverses spécialités avec les instruments et les moyens

nécessaires pour déterminer scientifiquement la car
des pays à explorer ; 2° des négociants ou des représe
tants de maisons de commerce emportant avec eux d
échantillons propres à faire connaître aux Ghadamésie
les divers produits que notre industrie peut leur proc
rer en échange des marchandises du Soudan. Malheu
reusement, peu de personnes répondirent à l'appel d
M. Largeau, et il ne put réunir qu'une petite carava
composée de MM. L. Say, officier de marine, neveu d
ministre des finances, Lemay, journaliste correspondar
du *New-York-Herald*, et Faucheux, jeune négociant mu
d'une pacotille.

Cependant, il était à prévoir que cette seconde expéd
tion rencontrerait plus de difficultés que la première, ca
le gouvernement de la régence de Tripoli s'était ému de
entreprises de M. Largeau et avait envoyé à Ghât (o
Rhât) (1) un gouverneur chargé de dissuader les ma
chands du Sahara d'entrer en relations avec l'Algérie.

Malgré ces difficultés, la petite caravane quitta Cons
tantine le 9 novembre 1875 et arriva le 13 à Biskra, do
elle partit le 22 avec des chameaux que le gouverneu
de l'Algérie mettait à sa disposition jusqu'à Touggour
Dans cette partie de leur trajet, les voyageurs rencon
trèrent les puits artésiens creusés par nos officiers sur l
route du désert, besogne qui n'était pas sans danger
ainsi l'atteste le monument élevé près du puits d'Ourl
lama à la mémoire du sous-lieutenant Lehaut, premiè

---

(1) La prononciation du signe arabe qui commence le mo
Ghât ne peut se rendre par des lettres françaises ; elle tient l
milieu entre le Rh et le Gh, en sorte que les divers explorateur
emploient tantôt une orthographe, tantôt l'autre. Il en est d
même de Ghadamès que l'on écrit aussi Rhadamès.

victime de ces travaux, souvent mortels sous l'ardent soleil d'Afrique. Le 29 novembre, la caravane fit une entrée triomphale à Touggourt, où elle fut admirablement reçue par l'agha Si-Mohamed-ben-Hadj-ben-Driss. Le 4 décembre, M. Largeau quitta Touggourt avec ses compagnons, emportant des lettres et des cadeaux de l'agha pour les principaux personnages de Ghadamès. La route à travers le Souf se fait le plus gaiement du monde ; les voyageurs novices se plaignent bien un peu des repas par trop épicés que leur offrent les chefs et s'étonnent souvent de la naïve ignorance de leurs hôtes. M. Largeau ayant voulu expliquer à un cadi que la mer occupe les deux tiers de la surface de notre globe : « Il faut donc, réplique celui-ci, qu'il soit tombé terriblement d'eau depuis la mort du Prophète ; car j'ai lu dans le Coran qu'elle n'en couvrait alors que le tiers. » Un autre chef arabe soutient à M. Say que la terre est suspendue sur la corne d'un taureau, lequel se tient sur une grosse pierre qu'un énorme poisson porte sur son dos. Mais si les habitants du Souf ne possèdent que des notions d'astronomie très-élémentaires, en revanche ils raisonnent fort sagement sur le développement agricole et industriel de leur pays. Ils comprennent parfaitement que le percement de nouveaux puits artésiens sur la route de Touggourt à Ghadamès augmenterait considérablement la prospérité de la région et se montrent très-disposés à en faciliter l'exécution. Nous espérons que ce projet, déjà caressé par le gouverneur actuel de l'Algérie et par tous les hommes qui s'intéressent au commerce de notre grande colonie avec le Soudan, recevra prochainement un commencement d'exécution.

Nous insistons sur la création de nombreux puits artésiens dans le Sahara, parce que nous avons entendu exprimer sur ce sujet une opinion qui nous a vivement frappé. Étant à Khartoum, nous eûmes la bonne fortune d'y rencontrer un cheik arabe, Si-Mohamed-chen-Guélil, habitant de Dagana, dans notre colonie du Sénégal, qui était venu de son pays à La Mecque à travers tout le Soudan ; c'était la seconde fois qu'il accomplissait ce long et pénible voyage. Naturellement je me plaisais à l'interroger sur les pays si peu connus qu'il avait traversés et j'aimais aussi à m'entretenir avec lui de l'avenir de la domination française dans le Nord-Ouest de l'Afrique. Il était partisan très-convaincu de la fondation d'un grand empire colonial français reliant l'Algérie et le Sénégal et appelé à absorber le Soudan occidental dont il vantait beaucoup les richesses naturelles. Un jour je lui demandai quelle serait, selon lui, la meilleure marche à suivre pour arriver à la domination du Sahara qui sépare nos deux colonies, et il me répondit sans hésiter : « Faire des puits artésiens, établir des lignes de puits artésiens qui deviendront aussitôt les routes de toutes les caravanes : celui qui le fera sera considéré comme un bienfaiteur par tous les habitants de ces régions. Déjà l'on sait dans le Soudan que les Français ont commencé à s'avancer au cœur du désert en faisant jaillir l'eau de distance en distance sous leurs pas, et chacun attend avec impatience qu'ils poussent leurs lignes de puits jusqu'au Niger. » Tout à l'heure nous aurons à nous occuper des projets de chemins de fer transsahariens ; selon nous, il est fort désirable et nullement chimérique que l'on entreprenne la construction d'une telle voie de communication ; mais on rendra cette entreprise à la fois plus facile et plus populaire si l'on établit en même temps des stations pourvues de puits artésiens, partout, bien entendu, où cela est possible.

Mais revenons à notre caravane qui atteignit heureusement Ghadamès le 5 janvier 1876. Là, de curieux évé-

nements, comme aussi de cruelles déceptions, attendaient
nos voyageurs. Tout d'abord avait semblé marcher à sou-
hait; plusieurs négociants de Ghadamès avaient promis
de se joindre à eux pour apporter des marchandises à
Touggourt et à Alger et pour établir des relations commerciales entre leur oasis et notre colonie. Déjà M. Largeau songeait au départ, lorsque deux Touaregs vinrent
informer le caïmacan (préfet) de Ghadamès qu'une bande
de pillards, composée de Châamba et de Touaregs insoumis, venait de paraître sur la route de Ghât attaquant les
caravanes chargées d'ivoire, d'encens, de cire, etc., qui,
dans cette saison, se dirigent en foule de cette oasis vers
Ghadamès. Aussitôt, le caïmacan résolut, comme c'était
son devoir, de courir sus aux brigands et de dégager la
route. Il fit un appel énergique aux Ghadamésiens, mais
pas un de ces lâches et lourds trafiquants ne répondit à
son appel. En revanche, M. Largeau et ses compagnons,
y compris leur guide et les Souafa (1) qui les accompa-
gnaient, se proposèrent courageusement pour marcher
sous les ordres du caïmacan; un Châambi, Mouley-
el-Arbi, ennemi personnel du chef de la bande de brigands qui était un des assassins de Dournaux-Dupéré,
se joignit à eux; avec le goum de quatre cavaliers tri-
politains composant toute la milice locale, on forma
une troupe d'une vingtaine d'hommes de bonne volonté.
Mais on ne put trouver de montures pour nos compatriotes
et ils durent, à leur grand regret, rester en arrière,
après avoir prêté leurs armes à leurs chameliers. La petite
armée, moitié à cheval, moitié à dos de chameaux, commença aussitôt une course folle jusqu'à soixante-dix lieues

(1) Habitants du Souf; on dit un Souafi, plusieurs Souafa,
comme un Châambi, plusieurs Châamba.

au Sud de Ghadamès; malheureusement, en route, les
montures étant épuisées, il fallut les abandonner successivement, et cavaliers et chameliers, devenus fantassins,
commirentla faute de continuer à courir sans s'occuper de
rester groupés; deux Souafa, le guide Aoun et le chamelier
Messaoud, ainsi que le châambi Mouley, atteignirent les
bandits dans un ravin. Mouley eut la satisfaction de tuer
son ennemi mortel, mais ne tarda pas à succomber lui-
même, ainsi que le guide Aoun; Messaoud, rejoint par
un autre Souafi, battit en retraite sans être inquiété. Nos
courageux sahariens avaient tué cinq brigands et en avaient
blessé six. Les restes de la petite troupe rentrèrent à Ghadamès, mais ne trouvèrent chez les habitants qu'ingra-
titude et indifférence. On conçoit l'indignation de M. Largeau et de ses compagnons, qui ne purent obtenir aucune
indemnité en faveur des familles des deux victimes qui
venaient de verser leur sang pour la sécurité des Ghadamésiens. En outre, les négociants qui devaient partir
avec nos compatriotes, craignant d'être inquiétés en route
par les rôdeurs du désert, mais surtout dissuadés par
des agents du gouvernement de Tripoli qui les mena-
çaient de la colère du bey s'ils entraient en relations avec
l'Algérie, renoncèrent à leur voyage. En vain, le caïmacan, aussi intelligent et loyal qu'il venait de se montrer
courageux, fit-il tous ses efforts pour obtenir que la promesse faite au premier voyage de M. Largeau fut tenue ;
lui-même se vit sans influence et menacé d'encourir la
disgrâce de ses chefs. Nos compatriotes quittèrent Ghadamès le 21 février avec leurs fidèles chameliers Souafa,
tous également écœurés du manque de foi et de la pol-
tronnerie des Ghadamésiens.

Des rapports faits sur cette expédition par MM. Largeau et Say, il ressort également qu'il faut renoncer à
se servir de Ghadamès comme point d'appui pour les

caravanes allant d'Algérie au Soudan, et qu'il est bien préférable de se fier uniquement aux Souafa qui montrent de réelles qualités d'énergie, de fidélité, de bonne volonté. M. Say appuie beaucoup sur les dispositions de plus en plus favorables à la France que montrent les Touaregs ; voici, en effet, ce qu'il dit de ces peuples, que les Arabes se plaisent à représenter comme pillards et cruels :

« Si nous parlons de la sympathie des Touaregs pour les Français, c'est que nous en avons ici toutes les preuves. Le souvenir de M. Duveyrier (1) est encore chez eux aussi vivace qu'il y a quinze ans.

« Non-seulement ces gens-là sentent un gouvernement en Algérie, mais ils le reconnaissent juste ; et quand on a réclamé d'eux la mort des assassins de Dournaux-Dupéré et Joubert, Ikhenoukhen, leur chef, les a fait saisir et tuer presque tous.

« Outre l'effet moral du gouvernement respecté de la France, tout les pousse vers nous ; notre caractère expéditif et ouvert leur va ; celui des Ghadamésiens, faux, âpre au gain et apathique, leur répugne.

« Tous les Français qui ont vu les Touaregs se sont attachés à eux. Il y aura bientôt vingt ans que le commandant Hannoteau aura écrit son livre, dans lequel il entrevoit par eux la conquête du bassin du Niger. Sachons donc enfin les connaître et nous servir d'eux. Nous avons pris longtemps, en Algérie, les Kabyles pour des Arabes, nous les avons traités comme tels ; ils se sont raidis et nous ont tenu tête. Ne commettons pas une pareille erreur à l'égard des Touaregs.

---

(1) M. Henri Duveyrier est un jeune explorateur déjà célèbre par de remarquables voyages dans le Sahara.

« Les Arabes nous les ont dépeints comme des traitres et des bandits, mais ce qu'a dit M. Duveyrier, comme tout ce que nous voyons ici, nous montre en eux des hommes loyaux, tenaces, braves et passionnés pour l'indépendance, et tous ces traits qui les poussent vers nous les rapprochent aussi des Souafa. Mélange des Berbères et des noirs, les Souafa n'ont pas l'âpreté et le fanatisme de l'Arabe, mais l'insouciance et la gaieté du nègre alliées à l'énergie et à la fierté du Kabyle. »

Comme on le voit, il s'agit, dans la pensée de M. Say, et c'est aussi l'opinion de M. Largeau, de s'appuyer sur deux races, les Souafa et les Touaregs, pour arriver au cœur de l'Afrique en laissant désormais de coté les oasis tripolitaines où les Turcs n'exercent qu'une influence mesquine et anticivilisatrice.

Malheureusement les pillards sont encore bien nombreux dans le désert, et il ne faut pas se dissimuler que nous avons fort à faire avant de l'avoir purgé des malfaiteurs qui le parcourent en tous sens : leur repaire est en ce moment le Touàt, où les bandits Chàamba et Touaregs trouvent une retraite assurée.

Les assassinats de MM. Dournaux-Dupéré et Joubert ne sont pas les seuls que nous ayons à déplorer. Plus récemment, trois missionnaires envoyés par monseigneur l'archevêque d'Alger pour prêcher l'Évangile à Timbouctou ont été mis à mort. Il faut en conclure que si les premiers pas dans le Sahara ne sont pas sans danger, les rives mêmes du Niger sont loin également de présenter toute la sécurité désirable. Ajoutons que ces tristes exemples ne parviennent pas à refroidir le zèle de nos intrépides compatriotes.

Le 14 juillet dernier, la Société de Géographie de Paris a résolu, à l'unanimité, d'organiser une souscription nationale pour une grande exploration française dans l'Afrique occidentale, et en particulier dans le massif montagneux du Hoggar, centre de résidence des Touaregs. En même temps, il a été décidé que M. Largeau serait chargé de diriger cette exploration. Nous pouvons, dès à présent, donner un aperçu du plan de ce troisième voyage.

M. Largeau compte partir en automne pour se rendre à Ouargla, dont il fera son point de départ; puis il cherchera à gagner en ligne doite la côte d'Assinie en passant par In-Çalah et Timbouctou; cependant il s'écartera légèrement de sa route pour visiter les montagnes du Hoggar, inexplorées jusqu'à ce jour et où il compte passer l'été de 1877. Son but est de rechercher quel serait le meilleur tracé à suivre pour le chemin de fer projeté d'Algérie au Sénégal.

Exploration Say. — Pendant ce temps, un des compagnons de M. Largeau dans sa dernière expédition, M. L. Say, enseigne de vaisseau, se prépare à suivre, à ses frais, le lit de l'ancien fleuve Igharghar, pour se rendre dans les plateaux du Sahara central, à l'Est du Hoggar. Il emmènera deux médecins avec lui et dispose de 15,000 francs, somme qui lui paraît suffisante pour couvrir les frais de son voyage. Quant à son itinéraire, il passe par les points suivants : Biskra, Touggourt, Ouargla, Aïn-Teiba, Temassanin, Idélès. Il partirait avec M. Largeau, et ces deux intrépides voyageurs feraient route ensemble jusqu'à Ouargla.

Souhaitons de tout notre cœur bonne chance à nos courageux compatriotes, dont le succès peut avoir d'incalculables résultats pour la prospérité de notre colonie africaine.

Tout dépend des bonnes ou mauvaises dispositions qu'ils rencontreront chez les Touaregs, actuellement maîtres absolus du Sahara. A la vérité, MM. Largeau et L. Say s'accordent à représenter ces terribles nomades comme beaucoup mieux disposés qu'on ne l'a cru généralement jusqu'à ce jour. Ajoutons qu'en ce moment cinq Touaregs se promènent dans les rues d'Alger, où ils ont été amenés comme prisonniers. Voici comment ils ont été pris. Réunis à cinq Châamba insoumis et faisant probablement partie d'une de ces bandes de pillards, terreur des caravanes, ils s'étaient égarés dans les sables du désert; mourant de soif, ils se présentèrent à un campement d'Arabes qui, reconnaissant en eux leurs terribles ennemis, les reçurent à coup de fusil, et, avec l'aide des Mzabites, leurs voisins, les firent prisonniers et les livrèrent aux autorités françaises. Les cinq Châamba, relevant de notre juridiction, seront traduits devant un conseil de guerre; quant aux Touaregs, on compte les renvoyer libres chez eux après les avoir bien pénétrés de notre puissance et des merveilles de notre civilisation. On espère que cet acte de clémence aura une influence heureuse sur nos futures relations commerciales avec le Sud. Ce sont, en effet, gens dont l'alliance ou l'hostilité ne sont pas à dédaigner que ces Touaregs. Leur dernier fait d'armes pourrait être de nature à modifier profondément les conditions du commerce dans le Sahara. C'est à nous de savoir en tirer profit. Voici, en effet, la nouvelle que nous lisons dans divers journaux: « Les Touaregs-Hoggar ont pris et pillé l'oasis de Rhât (ou Ghât); ils sont maintenant réunis à trois jours de marche d'In-Çalah. »

Ainsi donc, la route des caravanes du Soudan par Ghadamès est coupée, et les riches produits de ce pays ne pourront plus s'écouler que vers l'Égypte par Mourzouk, ou vers le Maroc par In-Çalah, à moins que nous ne parvenions à les attirer en Algérie.

Nous allons exposer maintenant les projets grandioses

présentés comme moyens de pénétrer dans le Sahara, et
pouvant s'aider très-avantageusement l'un l'autre : la
construction d'un chemin de fer transsaharien, et l'introduction des eaux de la Méditerranée dans une partie du
grand désert. Examinons d'abord le projet de chemin
de fer.

Chemin de fer transsaharien. — Pour rendre à chacun
l'honneur qui lui revient, nous dirons que c'est à M. Paul
Soleillet que nous devons la première idée du chemin de
fer Saharien ; mais nous ajouterons que ce projet, repris
par M. Duponchel, ingénieur en chef du service hydrau-
lique de l'Aube, de l'Hérault et du Gard, à Montpellier,
est dès lors entré dans le domaine des entreprises sérieuses, grâce à la haute compétence de son nouveau
patron. Il faut avouer qu'à première vue l'idée de construire un chemin de fer à travers cet interminable Sahara,
dont nous ne connaissons encore qu'une très-faible partie,
semble une pure utopie, et, par le fait, c'est avec cette sé-
vérité que des hommes très-sérieux la jugèrent lorsque
M. Paul Soleillet en parla pour la première fois. M. Largeau, lui-même, avoue que, questionné sur ce sujet par
M. Duponchel, il mit un an à répondre parce que, tout
d'abord, l'idée lui parut absolument folle ; aujourd'hui il
expose sa vie pour aller en étudier sur place le tracé probable.

Cette vaste conception a tellement préoccupé les
esprits, surtout en Algérie, et s'est acquis tant de partisans parmi des hommes considérables et ne pouvant
être taxés de légèreté, qu'il est de notre devoir d'en entretenir nos lecteurs. Ils ne s'en plaindront pas, sans
doute, s'ils considèrent l'importance immense de cette
œuvre audacieuse au point de vue du commerce de notre
colonie algérienne, et la certitude, nous pouvons le dire,

qu'elle sera entreprise dans un temps plus ou moins éloigné.

Plusieurs tracés ont été proposés pour le chemin de fer transsaharien, et nous ne pouvons nous dispenser de citer celui de M. Du Mazet, lequel part d'Oran, entre presque immédiatement dans l'Empire du Maroc, traverse le Tafilalet, puis les nombreuses oasis de l'Oued-Gouir, pour aboutir à In-Çalah; de là, son tracé se confond avec les autres que nous examinerons ci-après. Disons franchement que ce projet ne nous séduit nullement, et nous croyons qu'il est à peu près abandonné à présent. Le tracé de M. Du Mazet offre, en effet, un grand inconvénient : celui de traverser, sur une notable partie de son parcours, un territoire étranger, dont les populations ne se sont pas toujours montrées sympathiques à la France.

Il est vrai qu'en ce moment l'Empereur du Maroc nous donne une grande preuve d'amitié en venant sur notre frontière visiter le sous-gouverneur de l'Algérie; mais il serait puéril d'en conclure que nous pouvons compter à tout jamais sur l'amitié de nos fanatiques voisins. On peut ajouter qu'il n'est pas très-rationnel de se détourner, comme à dessein, du sol qui nous appartient et qui réclame à grands cris des débouchés pour développer ses productions, et d'aller offrir bénévolement ces débouchés à des étrangers qui, d'ailleurs, ne s'en soucient pas. Ces objections nous paraissent plus que suffisantes pour contrebalancer les avantages que M. Du Mazet voit à son tracé : ils se réduisent à peu près à ce fait qu'Oran se trouve à proximité de Carthagène (Espagne), ce qui permettrait de réduire sensiblement la traversée par mer, grâce aux chemins de fer espagnols. Cet avantage, réel pour les voyageurs, est illusoire pour les marchandises, qui gagnent plutôt à allonger la route par mer, du moment qu'il faut, dans les deux cas, un double transbordement.

Arrivons donc au projet de M. Duponchel, qui nous paraît le seul praticable, tel qu'il l'a conçu après s'être concerté avec MM. le général de Colomb, le colonel Colonieu et Largeau, qui tous trois possèdent une connaissance approfondie de ces régions. Pour discuter ce projet avec clarté, nous le diviserons en trois parties : 1° Traversée du Tell algérien ; 2° Sahara septentrional ; 3° Sahara méridional.

Pour la première partie, deux tracés sont en présence : celui de M. Duponchel lui-même et celui de M. Largeau.

M. Duponchel prend comme tête de ligne Alger et suit le chemin de fer existant de la capitale à Oran, jusqu'à Affreville ; il suit alors la vallée du Chéliff, de manière à couper l'Atlas suivant la gorge même qu'y creuse ce fleuve, et l'on arrive ainsi à Laghouat. Le tracé va ensuite gagner la vallée de l'Oued-Mia, vers Goléah, point extrême de notre colonie.

M. Largeau préfère prendre comme tête de ligne Philippeville, d'où un chemin de fer existe déjà jusqu'à Constantine ; bientôt cette ligne sera poussée jusqu'à Batna, d'où, jusqu'à Biskra, il n'y a qu'un pas. De Biskra, on descendrait à Ouargla, par Touggourt, puis on remonterait la vallée de l'Oued-Mia, comme dans le cas précédent.

M. Largeau voit à ce tracé les avantages suivants : 1° longer la mer intérieure dont les nivellements viennent d'être heureusement terminés par le capitaine Roudaire ; 2° exploitation des immenses plaines d'alfa, qui s'étendent entre Touggourt et l'Oued-Souf ; 3° trafic des laines et des dattes que produisent abondamment les oasis de cette partie du Sahara algérien ; 4° sources artésiennes partout très-abondantes ; 5° enfin, centres populeux très-rapprochés les uns des autres. Il faut convenir que les arguments en faveur de ce tracé sont extrêmement spécieux, s'ils ne sont réellement décisifs.

Pour la seconde partie, M. Duponchel avait songé tout d'abord à attaquer franchement le massif montagneux d'Ahaggar, en le traversant par son milieu, de manière à déboucher sur Tin-Telloust et Aghadès. On avait ainsi l'avantage de bifurquer sur le lac Tchad, d'une part, et sur Timbouctou, d'autre part; mais l'inconvénient d'avoir à franchir un massif de montagnes encore inconnu, et qui entraînerait sans aucun doute à de nombreux et coûteux travaux d'art, fit abandonner ce trajet. Il y avait bien la route par Rhât; mais le Ahaggar se prolonge jusquelà, et, d'ailleurs, on faisait un détour fâcheux dans des pays notoirement hostiles et soumis à une influence étrangère. Restait la voie par l'Ouest des montagnes; elle présente de grands avantages puisque, en sortant de la vallée de l'Oued-Mia, elle traverse la région du Gourara où l'eau est abondante et les fertiles oasis du Touât; de plus, le sol est formé de pierres très-unies sur lesquelles on n'aurait qu'à poser les traverses. On peut ensuite gagner In-Çalah, qui est une des principales oasis d'une contrée très-riche et très-peuplée, s'étendant vers le Nord-Ouest jusqu'à Timimoun; on peut y trouver de grands approvisionnements de laines. Il est vrai qu'In-Çalah est au Maroc et que nous pouvons rencontrer là quelques difficultés; si on ne peut pas les surmonter, il faut laisser In-Çalah de côté et suivre de près la base des derniers contreforts occidentaux de l'Ahaggar.

D'In-Çalah, M. Largeau est d'avis que l'on se dirige droit sur Timbouctou; c'est une route que les caravanes peu chargées font en quarante-cinq jours. Voici les avantages que notre voyageur trouve à ce tracé :

1° Il s'avance en ligne presque droite vers le Sud-Ouest

jusqu'à Timbouctou, à travers des contrées très-peu accidentées ;

2° Il rencontre trois grands bassins d'eau douce : Es-Ziza, Anafis et Tadjidaït ;

3° Il traverse nombre de rivières desséchées dans lesquelles il suffit de sondages peu profonds pour trouver de l'eau en abondance ;

4° On aboutit à Timbouctou, d'où l'on peut se diriger vers le Sénégal, reliant Ségou, dans le Bambara, à Médine sur le Niger, tandis qu'une autre branche descendrait le Niger et pourrait se diriger vers le lac Tchad ;

5° Toutes les contrées comprises dans le Haut-Sénégal et dans le coude du Niger seraient nécessairement tributaires de cette ligne ; or, au dire des Arabes et des voyageurs européens qui ont pu les entrevoir, les Indes seules sont comparables, par leurs richesses naturelles, à ces vastes pays.

Mais M. Largeau ne se dissimule nullement que ce beau projet de chemin de fer est loin d'être immédiatement exécutable. Il importe, selon lui, d'être tout d'abord parfaitement renseigné sur les points suivants :

1° Quelle est la somme des productions des pays qui sont à portée de la ligne ; 2° quelle est la nature des contrées qu'elle doit traverser, et quelles ressources offrent ces contrées en eau, etc.? 3° quelles seront les difficultés à vaincre, et, par suite, le coût approximatif de l'entreprise ?

Les trois principales objections faites à tout projet de chemin de fer à travers le Sahara, sont les suivantes :

1° L'hostilité des Touaregs. Nous avons vu plus haut que plusieurs voyageurs, qui se sont trouvés en contact avec ces nomades, prétendent qu'ils ne sont pas aussi méchants que veulent le faire croire leurs ennemis irréconciliables, les Arabes. Mais, sans nous livrer à une confiance absolue dans cette manière de voir, il nous est permis de croire que l'on viendrait facilement à bout de quelques centaines de pillards mal armés et sans aucune organisation militaire. Nous sommes ici dans le même cas que les Américains vis-à-vis des Indiens pour le grand Transcontinental-Railway, et nous croyons même pouvoir affirmer que les difficultés sont moindres dans le Sahara ;

2° La grande chaleur. A cela il est facile de répondre que déjà bien des lignes de chemin de fer circulent sans aucune difficulté dans des régions équatoriales, en Amérique et en Asie. De plus, dans le Sahara même, des caravanes traversent constamment pendant des mois entiers, sous un soleil ardent, les plaines de sables si redoutées, et cependant une partie des hommes fait la route à pied et se trouve, par suite, en contact direct avec les sables brûlants, tandis que, sur les chameaux, on se ressent déjà moins de la chaleur. Nul doute que sur des impériales de wagons on ne soit encore mieux préservé ; on pourrait placer les marchandises dans la partie inférieure des voitures et les voyageurs en haut. Le courant d'air résultant de la vitesse des trains serait aussi un grand soulagement.

3° L'ensablement de la voie. Ceci est l'objection capitale : il est certain, en effet, que le vent pousse sans cesse les sables mobiles du désert à s'entasser sous forme de dunes qui se transportent suivant sa direction et peuvent devenir un obstacle sérieux. Il est vrai que M. Largeau prétend que les parties du Sahara où se produit ce désagréable phénomène sont peu étendues et situées plus à l'Est que le tracé proposé, tandis que, dans les régions qu'il traverse, le sol est généralement formé de pierres plates à fleur de terre sur lesquelles il n'y aurait qu'à poser le ballast. Cependant, nous croyons qu'il faut prévoir l'obligation d'abris contre l'ensablement sur une partie du parcours ; ces abris ne seraient ni plus difficiles ni plus coûteux à construire que ceux dont les Américains ont dû garnir leur grande ligne sur la partie qui traverse les montagnes, pour la garantir des avalanches de neige se précipitant des sommets des montagnes Rocheuses.

Il nous reste à dire quelques mots sur la somme qui serait nécessaire pour mener à bien cette grande entreprise. Nous empruntons ces chiffres à M. Duponchel, dont la haute compétence, en pareille matière, ne peut être contestée.

La longueur totale du trajet d'Alger à Timbouctou est de 2,535 kilomètres, dont il faut déduire 120 kilomètres déjà construits, ce qui donne 2,415 à faire. Le savant ingénieur divise ce parcours total en trois classes, d'après les difficultés de construction.

La première classe comprend la traversée des gorges du Chéliff qui est très-accidentée, mais en pays français ; on peut donc calculer les travaux à faire sur le même tarif que ceux exécutés journellement en France : soit 400 francs le mètre courant de plate-forme.

La seconde classe comprend les tracés de plaine ou de désert présentant des vallées plus ou moins sèches à franchir ; il évalue là le mètre courant de plate-forme à 100 francs, ce qui est un prix bien supérieur à celui qui se paie en France dans les grandes vallées.

Enfin, il estime à 20 francs le prix du mètre courant pour la troisième classe, qui comprend les parties de voie dans les vastes solitudes du désert où l'on n'aura qu'à asseoir le ballast sur le sol.

Il ajoute, à raison de 20 ou 25 francs par mètre courant, la pose d'une conduite forcée de 500 kilomètres de longueur, suivant qu'elle fonctionnerait par charge naturelle ou serait entretenue par machines à vapeur. Le but

de ces conduites serait de fournir de l'eau aux stations
où l'alimentation naturelle ferait défaut.

Il admet, enfin, que, sur 50 kilomètres, il faudrait défendre la voie contre l'envahissement des sables par la
construction de voûtes à 400 francs le mètre, et il pose
ainsi les chiffres des dépenses prévues :

Terrassements, ouvrages d'art et ballast :

50 kilomètres à 400 fr. le mètre.. . .	20,000,000
1185 kilomètres à 100 fr. le mètre.. . .	118,500,000
1180 kilomètres à 20 fr. le mètre.. . .	23,600,000
2415 kilomètres de voie simple, y compris les traverses et la pose, à 30 fr. le mètre.	72,450,000
Un dixième en plus pour doubles voies, raccordements, etc..	7,245,000
Approvisionnements d'eau par puits, 1500 kilomètres à 2,000 fr..	3,000,000
Approvisionnements par conduits :	
En pente naturelle, 400 kilomètres à 20 fr. le mètre..	8,000,000
Avec machines, 500 kilomètres à 25 fr. le mètre..	12,500,000
Télégraphes et autres appareils, 2,415 kilomètres à 2,000 fr.	4,830,000
Bâtiments des stations et gares..	5,000,000
Docks et magasins..	5,000,000
Parasables voûtés sur 50 kilomètres à 400 fr. le mètre.	20,000,000
Intérêts du capital avancé pendant deux ans en moyenne sur la somme totale des travaux.	30,000,000
Matériel roulant à 20,000 fr. le kilomètre.	48,300,000
Sommes à valoir pour dépenses diverses et imprévues.	21,575,000
Total.	400,000,000

Sans doute, 400,000,000 fr., c'est une somme énorme ; mais est-elle en disproportion avec le résultat que l'on doit attendre de l'entreprise ? Nous ne le croyons pas, et nous demandons simplement qu'on la compare avec les sommes absorbées par le Canal de Suez, le Transcontinental-Railway, et tant d'autres entreprises du même genre.

Parmi les personnes qui doutent de la prochaine exécution du chemin de fer transsaharien, il en est, comme M. Paul Blanc, colon algérien, qui voudraient voir la France prendre des dispositions pour établir tout au moins, dès à présent, un moyen de communication moins coûteux et plus expéditif entre nos deux colonies d'Algérie et du Sénégal : une ligne télégraphique, par exemple. Nous avouons que nous ne voyons pas très-bien le grand avantage à retirer de cette construction qui présenterait presque autant de difficultés pratiques que celle du chemin de fer, sans nous offrir les mêmes compensations.

Mer intérieure de M. Roudaire. — Parlons maintenant de la mer intérieure. L'idée d'introduire l'eau de la mer dans la dépression du Sahara algérien revient au capitaine Roudaire, de l'état-major. Le percement de l'isthme de Suez pouvait seul autoriser la conception d'une telle entreprise, que l'on n'aurait pas manqué de considérer comme chimérique il y a un demi-siècle. Cependant, depuis longues années, les savants admettaient l'existence, dans les premiers temps historiques, d'une mer intérieure là où maintenant l'on ne voit plus que des sables desséchés recouverts d'une nappe de sel. On savait que les anciennes, très-anciennes cartes indiquent, en effet, au sud des derniers contreforts de l'Aurès, une petite Méditerranée qui communiquait avec la grande par un détroit aboutissant au fond du golfe de Gabès. A mesure que les cartes se rapprochent de notre époque, l'étendue de la nappe d'eau diminue ; bientôt, le détroit se ferme, bouché, sans doute, par les amas de sable amoncelés sous l'action des vents du désert. Une fois la mer intérieure réduite à l'état de lac, il ne faut plus long-temps aux rayons d'un soleil ardent pour la faire dispa-raître complétement. Cependant, il en reste encore cette belle nappe de sel toute resplendissante au soleil et, par endroits, des eaux souterraines recouvertes d'une si mince couche de terre qu'on ne peut s'y aventurer sans courir le risque d'être englouti. Sur certains points, ces eaux sou-terraines atteignent une profondeur que l'on n'a pu encore mesurer. Ces sortes de lacs plus ou moins desséchés s'appellent chotts dans le pays, et de nombreuses oasis entourent leurs rives. Il semble naturel de songer à relier ces chotts les uns aux autres, puis à la Méditerranée en coupant l'isthme qui les sépare de cette mer. Pour juger de la praticabilité de cette entreprise, il fallait d'abord, par des calculs minutieux, déterminer exactement les niveaux des chotts, aussi bien algériens que tunisiens, puis étudier la largeur, l'altitude et la constitution géo-logique de la bande de terre à percer auprès de Gabès. M. le capitaine Roudaire obtint, en novembre 1874, du ministre de la guerre et du gouverneur général de l'Al-gérie, la mission de faire ces différents travaux. La Société de Géographie voulut concourir à cette étude par une subvention et par l'adjonction d'un de ses membres les plus distingués, M. Henri Duveyrier; le ministère des travaux publics délégua M. Lechatelier, élève ingénieur des mines. La commission comprenait en outre MM. Pa-rizot et Martin, capitaines d'état-major; Baudot, lieute-nant d'état-major; Jacquemet, médecin-major; trente hommes du bataillon d'Afrique, commandés par M. le capitaine Comoy; vingt soldats du train et quelques spahis.

Les opérations commencèrent le 2 décembre de la même année par l'étude des chotts algériens, dont le principal est l'Oued-Rhir. Le 12 avril 1875, tous les nivellements étaient terminés jusqu'à la frontière tunisienne. La superficie du bassin algérien est de 6,000 kilomètres carrés. La longueur totale des deux bassins, de l'Est à l'Ouest, est d'environ 100 lieues. La profondeur du bassin algérien, dans les parties centrales, varie entre 20 et 27 mètres; sur le bord occidental, il est limité par un rebord très-accentué, ce qui permettrait aux navires de s'approcher très-près du littoral. Les pentes les plus douces se trouvent au Nord. Le chott Melrir est séparé du chott Rharsa par un exhaussement d'une longueur de 18 kilomètres 200 mètres, occupé en grande partie par le chott Aslondj qui n'a que $3^m,20$ d'altitude au point le plus élevé. Il faut observer que ces altitudes sont prises par rapport au zéro donné par le niveau le plus bas du maréographe d'Alger, et que la marée atteint plus de 2 mètres d'amplitude à Gabès; c'est donc 2 mètres qu'il faudrait retrancher à toutes les altitudes pour avoir le nivellement par rapport à la marée haute. Le chott Aslondj est lui-même séparé du chott Melrir et du chott Rharsa par des chaînes de dunes dirigées du Nord au Sud, que l'on peut franchir par des cols dont l'altitude ne dépasse pas 6 à 7 mètres.

Cet isthme n'a donc qu'un faible relief, et il serait très-facile d'établir une communication à travers les sables et les alluvions dont il est formé. On inonderait d'abord le chott Rharsa, puis on le relierait au chott Melrir par une tranchée à laquelle le courant donnerait rapidement la profondeur et la largeur nécessaires.

Restait à examiner la question au point de vue des

chotts tunisiens et de l'isthme de Gabès. Tout d'abord
une expédition italienne voulut procéder à cette étude
sous la direction du marquis Antinori. Elle débarqua à
Gabès le 4 juin 1875, fit en cinq jours une exploration
sommaire de l'isthme et des chotts et conclut laconique-
ment qu'il serait impossible de reconstituer la mer intérieure du Sahara avec les moyens que l'on possède
actuellement, et que probablement, d'ailleurs, cette mer
n'a jamais existé. Au congrès géographique de Paris, la
discussion fut vive entre le capitaine Roudaire, d'une
part; et, d'autre part, M. Fuchs, ingénieur des mines, et
M. Correnti, président de la Société de Géographie de
Rome.

Le capitaine Roudaire ne s'est pas découragé en présence des contradictions que rencontrait son œuvre, et
le succès a récompensé sa louable persistance, nous
sommes heureux de l'annoncer à nos lecteurs. Il se
rendit à Tunis, le 13 février, avec M. Baronet, ingénieur
civil, et M. Cormon, peintre; là, il s'adjoignit M. Léon
Fleurat, beau-frère de M. Paul Soleillet, l'explorateur
algérien, et un interprète. Tout d'abord, on constata que
la partie la moins élevée de l'isthme de Gabès est celle
qu'arrose l'Oued-Melah. Ce nom est donné également à
deux cours d'eau prenant leur source l'un près de l'autre
et coulant, l'un vers la mer, l'autre vers le chott Fejej.
L'opinion des Arabes est que cette double rivière est le
restant de l'ancien détroit qui, d'après eux, existait réellement à une époque bien antérieure à Mahomet. La
partie supérieure de l'Oued-Melah présente une surface
sablonneuse couverte de sel; aussi les Arabes l'appellent-
ils chott Hameïmet; on descend de là vers le chott Fejej
ou Djerid par une dépression connue sous le nom de chott
Oued-Melah. Entre le chott Hameïmet et le chott Oued-
Melah s'élève une crête sablonneuse d'une altitude de

46 mètres au-dessus de la marée basse ; nulle part ou ne trouve la moindre trace de roche dure. La distance de la mer au chott Fejej est d'environ 20 kilomètres.

Les observations de M. Roudaire sur le chott Fejej ou Djerid sont extrêmement curieuses et méritent d'être relatées ici. Les eaux, en s'accumulant dans son lit, qui occupe le fond d'un vaste bassin, y ont créé un véritable lac souterrain. C'est un mélange très-liquide d'eau et de sable recouvert d'une couche plus résistante dont l'épaisseur est variable, mais ne dépasse guère 80 centimètres. Cette sorte de croûte n'est qu'en des points très-rares assez forte pour supporter des hommes et des animaux. La route de Nifzaoua au Djerid, la seule praticable à travers le chott, n'est qu'une longue et étroite chaussée qui devient même dangereuse après les pluies. Les Arabes qui se laissent surprendre sur cette route par l'orage sont saisis de la plus grande terreur ; ils redoutent de voir le sol s'entr'ouvrir et un gouffre béant les engloutir. Le fait est que l'expérience faite par le capitaine Roudaire justifie parfaitement cet effroi.

Si, sur un des points quelconques du chott, on fait creuser un trou à travers la croûte pour y laisser couler une pierre attachée au bout d'une corde, cette sonde improvisée descend indéfiniment, et nos explorateurs n'ont pu atteindre ainsi le fond du lac. Le trou pratiqué dans la croûte se remplit aussitôt d'eau saturée de sel et d'une limpidité absolue. Ce fond d'eau salée s'étend même en dehors des bords du chott ; ainsi, près de l'Oued-Melah, en un lieu situé à 31 mètres d'altitude, on a trouvé l'eau à 80 centimètres seulement, c'est-à-dire à la même profondeur que dans les endroits situés à 20 mètres au-dessous du niveau de la Méditerranée. Par les grands vents, la couche solide qui recouvre le lac souterrain subit, vers le milieu, de vives oscillations.

Du chott Djerid, on passe au chott Rharsa en franchissant un bourrelet d'environ 3 ou 4 kilomètres de large et dont l'altitude atteint 40 mètres au point culminant ; ce serait là un seuil à couper. Les bords du chott Rharsa sont presque partout à 20 mètres au-dessous du niveau de la mer et cette profondeur atteint 40 mètres dans le milieu du chott. C'est un bassin inondable d'au moins 3,000 mètres carrés. C'est à l'extrémité de ce chott que les opérations de nivellement, avec point de départ sur la Méditerranée, se sont reliées à celles entreprises l'année précédente dans les chotts algériens. La vérification s'est faite à $2^m,99$ près ; c'est-à-dire que la cote nouvelle, plus rigoureuse que l'ancienne, puisque le point de départ était meilleur, est inférieure de $2^m,99$; il faut donc retrancher ce chiffre à tous les nivellements antérieurs, ce qui augmente d'autant la profondeur de la mer projetée.

Si l'on se décidait à entreprendre la création de la mer intérieure, il faudrait commencer par percer l'espèce de digue qui sépare le chott Djerid du chott Rharsa ; aussitôt l'eau, qui forme une nappe sous le chott Djerid, se précipiterait dans le chott Rharsa et ne tarderait pas à l'emplir sans que le niveau ait sensiblement baissé dans le premier. L'on aurait ainsi une mer intérieure qu'il resterait à mettre en communication avec la Méditerranée à travers l'isthme de Gabès, large de 20 kilomètres, haut de 46 mètres au maximum et entièrement composé de sable. On voit que ce travail est loin d'être impraticable.

Nos lecteurs ont déjà remarqué que les résultats de l'exploration Roudaire sont en contradiction flagrante avec ceux de l'expédition italienne ; cependant, on ne peut douter de leur rigoureuse exactitude, vu la méthode scrupuleusement mathématique qui a été suivie constamment. Maintenant, quels seraient les avantages d'une mer intérieure dans cette partie du Sahara ?

Il est facile de comprendre que notre colonie d'Algérie placée entre deux mers, l'une au Nord, l'autre au Sud-Est, y gagnerait considérablement comme débouchés; l'importance et la richesse des oasis du Souf algérien s'accroîtraient dans une forte proportion. En outre, la route du Soudan se trouverait raccourcie d'autant, et il est infiniment probable que les caravanes, qui prennent actuellement la direction de Tripoli par Rhat et Ghadamès, n'hésiteraient pas longtemps à venir aboutir sur ce nouveau littoral bien plus à leur portée. Voilà pour les avantages.

Mais il ne faut pas se dissimuler qu'on a opposé au projet de M. Roudaire de nombreuses objections. Les plus importantes sont les suivantes : 1° il est à craindre que l'introduction des eaux de la mer dans les chotts ne gâte les puits artésiens ou autres, qui sont d'une si grande utilité dans le Sahara algérien; 2° les oasis du Souf ne se trouveront-elles pas inondées par la nouvelle mer, ce qui serait une perte considérable pour les intéressantes populations de cette région? 3° la substitution d'une nappe d'eau d'une étendue assez considérable à des plaines de sable arides, ne changera-t-elle pas d'une manière notable les conditions climatériques de l'Europe, surtout dans ses contrées méridionales?

La première objection est facile à réfuter : presque tous les puits du Sahara s'alimentent à une nappe d'un niveau supérieur à celui de la mer, et les nappes qui sont au-dessous du niveau de la mer sont isolées par des couches d'argile imperméable.

Quant à la seconde objection, elle tombe également devant ce fait, constaté par M. Roudaire et ses compagnons, que toutes les oasis qui environnent les chotts,

sans exception, sont à une altitude supérieure au niveau
de la mer.

Reste la question de l'influence de la mer intérieure
sur le climat de l'Europe; c'est l'objection qui semble la
plus sérieuse; en tous cas, c'est la plus difficile à réfuter,
parce que nous manquons des données nécessaires pour
apprécier sa valeur. Toutefois, l'Académie des sciences,
consultée par M. de Lesseps sur cette grave question, est
d'avis que ce golfe de 100 lieues de profondeur et d'une
largeur peu considérable, n'augmenterait la surface d'é-
vaporation de la Méditerranée que d'une quantité insi-
gnifiante et conclut, en conséquence, qu'il n'y a pas lieu
de se préoccuper de cette objection.

Il est vrai que les savants allemands persistent à l'opposer aux partisans du projet. Mais ils ne nous paraissent
pas apporter dans l'examen de la question toute l'im-
partialité désirable.

Assurément, nous ne pouvons prétendre que ces magnifiques projets, pour lesquels nous ne saurions nous
défendre d'une grande sympathie, parce que leur réalisation contribuerait à augmenter la puissance et la richesse
de la France, puissent être exécutés du jour au lendemain. Leurs plus ardents partisans conviennent volontiers qu'il faut encore quelques études préliminaires,
lesquelles ne peuvent se faire en un jour, surtout avec
les difficultés que présentent les choses et, peut-être
aussi, les hommes. A ce propos, notons en passant
que les personnes les plus compétentes opinent généralement pour que le projet de mer intérieure du Sahara
soit entrepris le premier, comme le plus facilement exécutable, et aussi comme devant simplifier l'exécution du
chemin de fer en portant notre influence au cœur même
du désert. Toutefois, en admettant les retards nécessités
par de sérieuses études, il ne faut pas nous endormir;

car nos voisins profiteraient de notre sommeil pour ré-
colter ce que nous avons semé. En effet, depuis l'année
1875 seulement, il est venu à l'esprit de quelques Anglais
que si nous pouvions trouver avantage à inonder le Sahara algérien, il serait peut-être de bonne guerre de nous
devancer sur la route de Timbouctou en introduisant les
eaux de l'Atlantique dans le Sahara occidental ; en même
temps, on établirait une colonie anglaise à l'entrée du
canal à pratiquer, lequel déboucherait quelque part entre
le cap Bojador et le cap Jubi au Sud du Maroc. Un mee-
ting fut tenu à Londres en juillet 1875, et une députation,
présidée par sir Arthur Cotton, se présenta chez lord Carnarvon, secrétaire d'État pour les colonies, sollicitant
l'appui du gouvernement de la reine. Si le projet de la
mer intérieure était reconnu inexécutable, on se conten-
terait d'établir une route sur Timbouctou partant d'un
point de la côte où s'établirait toujours une colonie anglaise. Nous devons ajouter que lord Carnarvon ne fit pas
un accueil très-enthousiaste à la députation. Mais les
Anglais sont tenaces dans leurs entreprises, et l'initiative
privée ne se décourage pas pour si peu qu'une fin de
non-recevoir du gouvernement. Une expédition fut orga-
nisée, et la direction en fut confiée à M. Donald Mackenzie ; elle est partie le 10 juin 1876 pour la côte Nord-
Ouest. Son but est d'explorer le Sahara occidental, de
rechercher si l'on peut faire pénétrer les eaux de l'Océan
atlantique dans la partie du désert connue sous le nom
d'El-Jouf, d'inspecter la côte pour y créer un port, enfin
de nouer des relations d'amitié avec les indigènes, qui,
d'après des renseignements donnés par des habitants du
Maroc et des marchands influents de Timbouctou, seraient disposés à répondre aux avances des Européens. Il
est intéressant de noter que les organisateurs de l'expédition anglaise estiment à 7,500,000 francs par an la va-

leur du trafic que l'on pourrait établir entre Timbouctou et le cap Jubi ; ce renseignement est précieux à recueillir, parce qu'il répond suffisamment à ceux qui objectent aux partisans du chemin de fer transsaharien la nullité du commerce au Soudan. L'expédition anglaise se propose de reconnaître, en outre, des monuments et des manuscrits anciens qui se trouveraient dans une ville de cette région, dont le ministre de France au Maroc indique exactement la position, d'après des renseignements fournis par le rabbin Mardochée.

Nous apprenons que l'expédition de M. Mackenzie a très-heureusement débarqué sur la côte d'Afrique, et que de plus elle s'est mise en rapport avec les chefs nègres qui se sont montré très-disposés à entretenir des relations commerciales avec la Grande-Bretagne.

Une large coupure, marquée très-distinctement encore sur la côte, a été reconnue comme devant être le dernier vestige du canal qui reliait jadis la mer intérieure à l'Océan ; elle va être l'objet d'études minutieuses. Déjà les topographes de l'expédition ont pu constater que la dépression du sol, au delà de la digue de terre qui s'étend près de l'entrée de l'ancien canal, atteint près de 230 pieds au-dessous du niveau de la mer (1). La digue de terre qu'il faudrait percer pour faire rentrer l'Océan dans cette dépression n'a pas plus d'un mille et demi d'épaisseur, et l'on estime qu'il suffirait de donner au canal une largeur de 300 mètres.

Ces détails sont dus à M. Donald Mackenzie, qui se

---

(1) Nous donnons ce renseignement sous toutes réserves et tel que nous le trouvons dans les journaux anglais ; mais le chiffre de 230 pieds ne nous inspire pas, nous l'avouons, une très-grande confiance.

trouve en ce moment à Londres et se prépare à retourner
en Afrique. Pendant ce temps, les autres membres de
l'expédition continuent sur place les études topographi-
ques et s'appliquent à entretenir les bonnes relations avec
les indigènes.

Il nous reste à présenter toutes nos excuses à nos
lecteurs pour les avoir attardés si longuement dans une
région qui n'occupe, en somme, qu'une faible partie de
la carte d'Afrique. Je crains qu'ils ne soient effrayés
déjà des proportions que prend, dès le début, le voyage
autour du monde, que nous leur avions promis court et
peu fatigant. Il est vrai que nous nous sommes laissé un
peu entraîner par l'intérêt que nous portons à ce coin
du monde qui semble prédestiné à un grand avenir au
point de vue français. Heureux si nous avons pu inspirer
à ceux qui veulent bien nous suivre, un peu de sympathie pour les entreprises de notre génie national toujours
à la tête des conceptions grandioses. N'est-ce pas un
Français qui a percé l'isthme de Suez, malgré des résis-
tances qui semblaient insurmontables ? Le même Français
n'a-t-il pas encore conçu dernièrement le projet d'un
chemin de fer à travers toute l'Asie, autrement difficile
à faire que le chemin de fer transsaharien, et qui cependant est sur le point de s'exécuter ? Ne voyons-nous pas
des Français faire les études préliminaires du tunnel
sous-marin entre la France et l'Angleterre, et n'est-ce
pas à nous que revient l'initiative de cette magnifique
conception ? Enfin, quels sont les projets de percement
de l'isthme de Darien qui ont le plus de chance d'être
adoptés par la commission internationale appelée à
prendre une décision sur les nombreux tracés présentés jusqu'à ce jour ? Encore des projets français. Si
nous sommes si entreprenants sur des terres étrangères,
et pour des entreprises qui profitent surtout aux autres,

pourquoi donc serions-nous paralysés lorsqu'il s'agit de travailler sur un sol qui est le nôtre et pour le plus grand profit de notre commerce, de nos colonies, de notre légitime influence en Afrique? Un jour, qui n'est peut-être pas éloigné, les études préparatoires suffisamment faites, les hommes audacieux et ardents qui ont conçu ces merveilleux projets feront appel à notre bonne volonté, à nos capitaux; verrons-nous alors nos compatriotes se plaindre qu'ils ne sont pas suffisamment prévenus, suffisamment éclairés sur la praticabilité et sur l'opportunité des entreprises auxquelles on les prie de s'associer? Nous avons voulu leur enlever la possibilité d'une semblable défaite, et nous leur disons dès aujourd'hui: là est l'avenir, là notre patrie retrouvera les capitaux engloutis dans une guerre malheureuse et dans des emprunts étrangers peut-être plus désastreux encore. Soyons donc patriotes et cessons d'ouvrir trop facilement aux étrangers une oreille que nous fermons obstinément aux entreprises françaises.

CHAPITRE II

La région dont nous allons nous occuper ne présente
pas moins d'intérêt que celle où nous venons de faire
quelques excursions. Il est vrai, et nous le faisons ressortir de suite, que les intérêts français n'y sont pas aussi
directement engagés; cependant nos compatriotes y ont
également exposé leurs vies; qu'il nous suffise de rappeler ici le docteur Peney, les frères Poncet, le malheureux Lesaint, tous dévorés, en moins d'un demi-siècle,
par un climat meurtrier. Nous ne reviendrons pas sur
leurs expéditions, déjà trop loin de nous et trop connues
de la majorité de nos lecteurs; nous aurons, du reste,
encore bien assez de catastrophes à enregistrer. Mais le
grand intérêt qui s'attache à cette région s'explique par
un mot : c'est le bassin du Nil, de ce fleuve mystérieux
que, dès la plus haute antiquité, tous les peuples ont essayé de remonter jusqu'à son origine, et dont le tracé
hypothétique excitait si vivement notre curiosité sur les
cartes de notre jeunesse. Il était réservé à notre temps
de résoudre enfin le difficile problème des sources du
Nil, et de reconnaître, non sans quelque surprise, que,
de tous les géographes acharnés à se prononcer doctora-
lement sur cette grave question, celui qui se rapprochait
le plus de la vérité était un des plus anciens, l'illustre

Ptolémée. Il avait, en effet, affirmé que le père des fleuves prenait sa source dans deux lacs situés au sud de l'équateur, et tous ses successeurs s'étaient évertués à démontrer l'absurdité de cette opinion. Ceci prouve une fois de plus que, bien souvent, le progrès consiste à retrouver ce que savaient nos ancêtres.

Une grande analogie existe entre les explorations partant de l'Égypte et celles qui prennent pour base l'Algérie : c'est qu'elles sont également favorisées par des gouvernements jaloux de contribuer à l'avancement des sciences géographiques, mais aussi désireux de développer la prospérité commerciale des pays confiés à leur administration. Nous nous garderons bien, d'ailleurs, de pousser plus loin cette comparaison entre le gouvernement de l'Egypte et celui de notre colonie d'Afrique ; c'est un sujet délicat sur lequel nous ne voulons pas insister ; mais nos lecteurs feront d'eux-mêmes la différence. Rentrons donc dans le domaine purement scientifique.

Il nous semble utile de donner tout d'abord à nos lecteurs un aperçu des connaissances acquises sur la navigation du Nil en 1870, notre point de départ. On sait que Speke et Grant avaient découvert le lac Victoria-Nyanza, d'où sortait, d'après eux, le Nil Somerset, origine du grand fleuve. Ils croyaient à l'existence, dans l'est de ce lac, d'une autre nappe d'eau qu'ils appelaient lac Baringo. Partis de Zanzibar, il remontèrent vers le Nord et se croisèrent, à Gondokoro, avec William Baker, qui venait à leur rencontre. Ils lui firent part de leur découverte et eurent soin d'ajouter que leur tâche n'était pas terminée, puisque, d'après le récit des indigènes. le Nil Somerset devait traverser un second lac, au sortir duquel il devenait le vrai Bahr-el-Abiad de Gondokoro et de Khartoum. Baker poursuivit donc sa route et découvrit, en effet, dans l'ouest du Victoria-Nyanza, le second lac, qu'il ap-

pela Albert-Nyanza; mais il ne put le parcourir ni en
déterminer les limites.

Expédition de Baker-Pacha. — Tel était l'état de la
question lorsque, en 1869, sir William Baker obtint du
khédive le commandement d'un corps de troupes de
1,200 hommes, composé du fameux bataillon nègre qui
avait combattu dans nos rangs au Mexique, d'un bataillon
égyptien blanc et d'une batterie d'artillerie servie par
des Turcs d'Europe. En outre, un personnel considérable
de bateliers, chameliers, etc., devait assurer le transport
des hommes et du matériel. L'état-major anglais se composait de sir Samuel Baker, investi du titre de pacha; de
lady Baker, qui s'était fait remarquer par son énergie et son
dévouement dans la première expédition ; de M. Baker,
neveu de sir Samuel, officier de la marine anglaise ; de
M. Higginbotham, ingénieur distingué ; d'un médecin,
d'un secrétaire et de six mécaniciens. J'avais obtenu l'autorisation d'accompagner l'expédition avec un sous-offi-
cier de la marine, mais à un titre purement scientifique.
Le matériel était énorme, exagéré même, car il comprenait des navires à vapeur en fer, dont un de 250 ton-
neaux, démontés en un nombre considérable de pièces.
Pour ma part, je dus convoyer à travers le désert de Korosko le plus grand, qui était divisé en dix-huit cents
morceaux; il fallut trois mille chameaux pour porter ceux
qui n'étaient pas trop lourds; mais, pour plusieurs colis
pesants, je dus avoir recours à des chariots auxquels on
attelait jusqu'à cinq cents hommes et qui mirent près
d'un mois à traverser le désert aride de Korosko. Ajoutons que ce fameux vapeur ne parvint pas jusqu'à Khartoum, mais qu'il encombre sans doute encore les maga-
sins du gouvernement égyptien à Berber.
Baker-Pacha devait se heurter à bien d'autres diffi-

cultés. Il avait hautement annoncé sa ferme intention de supprimer la traite des nègres dans toutes les régions dont il parviendrait à s'emparer au nom du vice-roi, et sur lesquelles il était investi d'un pouvoir discrétionnaire. Or, Khartoum ne prospère que par le commerce de l'ivoire et la traite des nègres, et l'un ne peut exister sans l'autre. Voici, en effet, comment procédaient les trafiquants du Soudan. Ils partaient de Khartoum avec une centaine d'hommes bien armés et recrutés parmi les aventuriers de toutes provenances et de toutes races, et ils allaient s'établir sur le territoire d'un petit roi nègre. Ce souverain, comme tous ses pareils, avait nécessairement un grief quelconque contre un de ses voisins ; l'honnête négociant avait soin de flatter cette rancune en l'envenimant, et proposait à son hôte un bon traité d'alliance. Il faisait valoir qu'avec ses sacripants, joints à l'armée nègre, on aurait facilement raison du voisin ; dès lors il n'y avait plus qu'à partager le butin : le roitelet garderait pour lui le bétail capturé, tandis que le traitant aurait l'ivoire et les jeunes gens des deux sexes faits prisonniers sur le territoire ennemi ; quant aux vieillards et aux enfants, comme ils ne pouvaient être utilisés, on les massacrerait. L'expédition faite, le négrier chargeait l'ivoire sur le dos des esclaves, que l'on enchaînait les uns aux autres, et le convoi reprenait le chemin de Khartoum, où l'une et l'autre marchandises trouvaient un bon débouché ; souvent même les malheureux captifs devaient continuer, avec leur fardeau, à travers le désert de Korosko jusqu'au Caire même, où il était rare que la moitié de la marchandise humaine pût parvenir ; les os de l'autre moitié blanchissaient la route des caravanes. L'administration y trouvait son compte, parce qu'elle percevait 25 francs par tête de nègre passant par Khartoum.

On conçoit, dès lors, la résistance opiniâtre que trouva
sir Samuel Baker dès son arrivée à Khartoum ; les autorités égyptiennes étaient d'accord avec les commerçants
de la ville pour lui susciter tous les embarras possibles,
et ce ne fut que grâce à une persistance et à une énergie
presque surhumaines qu'il parvint à se procurer, mais
fort tard, les moyens de transport nécessaires pour
avancer avec son personnel et son matériel. Enfin il put
partir, mais ce fut pour se trouver bientôt arrêté par des
obstacles d'une autre nature. Depuis son premier voyage,
le lit du Nil Blanc, ou Bahr-el-Abiad, s'était singulièrement obstrué d'une végétation vigoureuse, à travers laquelle on ne pouvait faire passer les vapeurs et les cha-
lands qui portaient l'expédition.

Il est facile de se rendre compte de cette transforma-
tion du Bahr-el-Abiad. Depuis Gondokoro jusqu'à Khartoum, le fleuve coule suivant une pente extrêmement douce, à travers une longue plaine sans ondulations ; le courant est donc très-faible. Là, les eaux chargées du limon
détaché des montagnes qu'elles ont traversé torrentueu-
sement au-dessus de Gondokoro, le déposent peu à peu
sur le fond du lit qui s'exhausse ainsi progressivement.
Naturellement, le fleuve gagne en largeur ce qu'il perd
en profondeur et s'étend par-dessus les berges, fort
basses d'ailleurs ; bientôt ce n'est plus qu'un vaste marais
d'une profondeur d'un mètre à peine, et la végétation, si
puissante dans ces régions intertropicales, perçant facilement cette faible couche d'eau, y acquiert promptement
une vigueur remarquable. Dès lors, il devient impossible
d'y faire passer un bateau, si faible que soit son tirant
d'eau, à moins de lui creuser un chenal à travers l'immense prairie liquide, où l'on ne pourrait pas s'aventurer
avec des chameaux ou d'autres bêtes de somme.

Baker dut donc employer sa petite armée à pratiquer

un canal navigable pour franchir ce difficile passage, qui s'étend sur une certaine longueur à partir du confluent du Sobat jusqu'au-dessous de celui du Bahr-el-Ghazal. Mais ce travail ne put naturellement s'effectuer sans affecter gravement l'état sanitaire de l'armée. Les Turcs, qui servaient la batterie de montagne, furent les premiers atteints et moururent tous en peu de temps ; le bataillon égyptien fut sérieusement éprouvé, et bientôt les désertions aggravèrent les pertes causées par les maladies ; les nègres seuls résistèrent parfaitement, et le bataillon du Mexique resta solide et fidèle jusqu'au bout. Les Européens furent aussi cruellement éprouvés. Le secrétaire dut être renvoyé au Caire, dans un état de santé qui ne permettait guère d'espérer qu'il pût traverser le désert ; il rentra cependant sain et sauf ; le médecin devint fou et mourut à Khartoum ; l'ingénieur Higginbotham y contracta les germes d'une maladie qui devait l'emporter plus tard, à Gondokoro. Quant à moi, je dus revenir en arrière, à la nouvelle de la déclaration de guerre entre la France et la Prusse, qui me parvint en même temps que le récit de nos premiers désastres.

Certes, il fallut toute l'énergie dont était doué Baker-Pacha pour triompher de telles difficultés, nous pourrions dire de tels revers. Enfin, il parvint à Gondokoro le 15 avril 1871. Là il eut à entrer en lutte, souvent sanglante, avec les Baris et autres tribus nègres des deux rives du Bahr-el-Abiad. Après les avoir sévèrement châtiés, il remonta jusqu'à Affuddo, où commencent les rapides du cours supérieur du Nil ; il fallut y laisser ses barques, dont il confia la garde à une partie de son monde, n'emmenant avec lui que deux cents hommes environ, soigneusement choisis. C'est ainsi qu'il atteignit successivement Loboré, puis Fatiko. Devant lui s'étendait un pays splendide, un vrai parc anglais, avec des collines

rocheuses, des arbres magnifiques, de fertiles vallées, de
claires rivières coupant la route à chaque instant et re-
bondissant, en bouillonnant, sur des roches ombragées
d'acacias ; enfin, pour fond du tableau, de hautes montagnes bleuissant à l'horizon. Sir Samuel Baker ne put se
défendre d'un pénible serrement de cœur en voyant ce
beau pays et en songeant que, depuis nombre d'années,
il était livré aux honteuses exactions des chasseurs d'esclaves. Afin de tenir ces brigands en échec, aussi bien
que pour assurer ses communications, il laissa à Fatiko
une garnison d'une centaine de soldats ; puis il s'avança
vers le Sud avec une troupe de cent douze hommes,
soldats et officiers. Le 21 août, il atteignit Masindi, capitale de l'Ounyoro. Cette ville est située à 534 kilomètres
de Gondokoro, à une forte journée de marche de la rive
orientale du lac Albert-Nyanza.

Là commença, pour Baker-Pacha, une série de mé-
comptes, de périls et de fatigues sans nom. Le 14 mai
1872, il avait annexé solennellement aux possessions du
khédive le royaume d'Ounyoro ; mais le roi de ce pays,
Kabba-Rega, après avoir affecté les dispositions les plus
amicales, ne tarda pas à jeter le masque et à manifester
son hostilité contre les étrangers. Le pacha se hâta d'entreprendre la construction d'un petit fort pour se garantir
d'une attaque par surprise qu'il redoutait avec raison.
Avant que ce travail fut terminé, Kabba-Rega avait pris
ses dispositions : il fit empoisonner le vin de banane
qu'on servait aux troupes égyptiennes ; mais, par bonheur,
il avait forcé la dose, et les premiers qui burent de ce
breuvage furent saisis aussitôt de douleurs qui empêchè-
rent les autres de tomber dans le piége. En même temps,
des milliers de sauvages, dont quelques-uns armés de
fusils, attaquèrent le campement de sir Samuel Baker.
La petite troupe était bien aguerrie, et, en un instant, les

rangs furent formés, les sniders ripostèrent aux flèches et aux fusils de traite des indigènes. La supériorité de la discipline et de l'armement finit par triompher, l'attaque fut repoussée et le village de Masindi complétement réduit en cendres. Mais la situation devenait périlleuse ; il était évident que Kabba-Rega reviendrait à la charge avec de nombreux renforts. Il fallait battre en retraite. Nous laisserons la parole à sir Samuel Baker pour conter l'émouvant dénouement de cette grande expédition (1).

« Personne de nous ne connaissait la route, il n'y en avait pas de frayée, et tout le pays était couvert de forêts et de hautes herbes ; enfin nous étions en pleine saison des pluies et, par le fait, je ne m'étais jamais vu dans une situation aussi difficile. Je savais bien ce qu'il fallait faire, mais la grande difficulté était de savoir comment le faire.

« J'avais beaucoup de bagages et de munitions et pas un porteur, comment arranger cela ? Cependant chaque jour de retard devait nous amener des milliers d'hommes contre nous, et je savais que le roi, qui s'était enfui dès le début de la bataille, chercherait à me couper la retraite et enverrait des ordres pour cela dans toutes les directions. Nous allions donc avoir à conquérir chaque pouce de notre route, avec une centaine d'hommes pesamment chargés, au milieu de ces infernales broussailles. Cependant je pris mon parti et rassemblai mes soldats. Ils étaient alors parfaitement disciplinés et avaient surmonté sous mes ordres tant de difficultés sans éprouver de pertes sensibles, qu'il me suffisait de donner un ordre pour qu'il soit immédiatement exécuté. Dès qu'ils furent réu-

______

(1) Nous citons textuellement les paroles prononcées par Sir Samuel Baker dans une conférence tenue à Londres peu de temps après le retour du grand explorateur.

nis, je leur dis : « Nous sommes dans l'embarras, mais
» nous y avons été souvent ensemble et nous nous
« en sommes toujours bien tirés. Voici le moment de
« montrer si, oui ou non, vous êtes des hommes. Hier
« encore, à la bataille de Masindi, vous avez, au nombre
« de 100, défait 8,000 indigènes. Maintenant vous allez
« avoir à combattre chaque jour. Vous aurez à marcher
« à travers des herbes qui ont actuellement dix pieds de
« haut, tandis que, lorsque nous sommes venus, elles ne
« venaient qu'à votre poitrine, et il faudra conquérir par
« la force chaque pouce de la route. Chacun de vous
« portera un fardeau, parce qu'il faut que nous ayons
« des marchandises pour payer notre voyage lorsque
« nous arriverons au fleuve. »

« Je réglai ensuite l'ordre de la marche : l'avant-garde
était commandée par un excellent officier, le colonel Abd-
el-Kader, avec seize hommes armés de Sniders ; ils ne
portaient aucun bagage et avaient un clairon. Je venais
ensuite, escortant les munitions, avec le lieutenant de
vaisseau Baker, madame Baker, mes domestiques, dix
Sniders et un clairon. L'arrière-garde était commandée
par un capitaine avec seize Sniders, tous soldats excellents ; ceux qui restaient étaient disséminés le long de la
ligne, armés de mousquets. Je donnai cette instruction
à mes hommes :

« Si vous êtes attaqués par une embuscade des deux
« côtés à la fois, un homme sur deux, en alternant, fera
« face à droite, l'autre à gauche. »

« Les hommes étaient un peu nerveux les premiers
jours, et franchement il y avait de quoi. Nous étions har-
celés par des ennemis en nombre incroyable, et je ne puis
m'expliquer qu'ils ne nous aient pas écrasés, si ce n'est
en supposant qu'à travers les hautes herbes, nos balles
en atteignaient beaucoup, tellement ils étaient serrés. En

outre, il se trouva heureusement que nous avions quelques carabines à éléphant, à deux coups, se chargeant par la culasse et portant 24 grammes de poudre et de petits obus chargés de picrate de potasse (1) qui ne laissaient pas grand'chose d'un homme quand ils l'avaient touché; ils produisaient aussi un bruit très-effrayant, l'explosion de l'obus faisant plus de fracas que la détonation même de l'arme. Nous faisions ainsi 10, 14 ou 16 milles par jour, tantôt à travers des marais, tantôt dans ces insupportables hautes herbes. Pendant sept jours, nous eûmes à combattre du matin au soir, ne voyant jamais l'ennemi, mais perpétuellement entourés d'embuscades. La grosse difficulté était de porter les blessés. Nous n'avions plus que deux chevaux chargés comme des chameaux. Ma femme dut marcher à pied pendant tout ce trajet. Nous avions aussi un âne qui portait un malheureux estropié. J'ai cependant la satisfaction de pouvoir me vanter de n'avoir jamais laissé un blessé entre les mains de l'ennemi. Si la discipline des soldats n'eût été aussi admirable, jamais nous n'aurions pu effectuer une telle retraite. On ne pouvait voir que cinq hommes devant soi, et autant derrière, mais nous communiquions au moyens des clairons. Sans le clairon de l'arrière-garde qui sonnait : *halte!* dès qu'un homme était blessé ou qu'une femme était trop fatiguée, notre ligne aurait fini par être coupée, et, dès lors, ç'en était fait de nous tous. Enfin, je parvins à sortir de là avec tous mes hommes.

---

(1) J'ai tout lieu de croire qu'il s'agit ici de balles explosibles du système Pertuiset que j'avais laissées à Sir Samuel Baker lorsque je m'étais décidé à rentrer en France. Je puis certifier que le célèbre explorateur n'exagère en rien leurs effets, et je suis vraiment heureux que ces terribles projectiles aient pu contribuer à le tirer d'un aussi mauvais pas.

Aussitôt hors du pays d'Ounyoro, je fis alliance avec un chef très-puissant et lui laissai soixante de mes soldats. Ce chef, nommé Rionga, purgea très-promptement le pays, et c'est lui qui aujourd'hui y règne au nom du gouvernement égyptien. »

En lisant ce récit émouvant, il est impossible de ne pas se sentir pénétré d'admiration pour l'énergie et le sang-froid de cet homme intrépide, qui vainquit les obstacles les plus redoutables en sachant inspirer à des nègres grossiers un dévouement et une discipline qui feraient honneur aux meilleures troupes civilisées.

Sir Samuel Baker n'était pas encore au bout de ses tribulations.

En arrivant à Fatiko, il retrouva les 100 hommes qu'il y avait laissés, mais à peine les avait-il rejoints qu'une fusillade terrible lui mettait sept soldats hors de combat. C'était une bande de 270 chasseurs d'esclaves qui venait l'assaillir à l'improviste pour le punir d'avoir ruiné leur odieux commerce. Sa petite troupe exaspérée chargea ce nouvel ennemi avec fureur, tua 141 de ces brigands et fit 43 prisonniers. Dès ce jour, le pays fut soumis et Baker-Pacha n'eut plus aucune révolte à réprimer. Il rentra peu de temps après en Europe.

En résumé, au point de vue géographique, cette romanesque expédition n'eut que des résultats insignifiants.

Le célèbre explorateur ne fit que suivre de nouveau la route qu'il avait reconnue à son premier voyage, et même, cette fois, il ne put parvenir jusqu'au lac qu'il avait découvert. Mais on ne peut lui refuser la gloire d'avoir fondé la puissance égyptienne dans ces contrées sauvages, et d'avoir ainsi droit à une part de l'honneur qui revient à ses successeurs pour les importantes découvertes qu'il nous reste à signaler.

Voyage et mort de Miani. — Nous avons maintenant le pénible devoir de retracer les derniers moments d'un vétéran des explorations africaines, que nous avons personnellement connu et apprécié à Khartoum en 1870.

Miani était un esprit vif, aventureux, enthousiaste à l'excès; il s'était compromis en 1848 en prenant une part trop active aux troubles de Venise, sa patrie; il fut exilé et se réfugia en Égypte. Dès lors, il consacra toute son ardeur à la solution du grand problème des sources du Nil. Après quelques petites expéditions préparatoires vivement contestées, ce qui commença à l'aigrir, il se lança, en 1859, à corps perdu et absolument seul, vers les régions du Haut-Nil. Souvent il fut forcé de se battre avec les indigènes, chassa l'éléphant, fit le commerce de l'ivoire et parvint jusqu'à Galuffi, capitale du royaume de Madi, au sud même des cataractes de Méri. C'était incontestablement le point le plus avancé qu'aient atteint jusque-là les explorateurs européens; aussi eût-il soin de graver son nom dans l'écorce d'un arbre, qui figura longtemps sur les cartes de géographie sous cette dénomination : *arbre de Miani.* Speke retrouva cet arbre et confirma ainsi les relations du pauvre explorateur, dont on s'obstinait à contester les découvertes.

En 1870, je trouvai Miani établi à Khartoum, en qualité de directeur du jardin d'acclimatation de cette capitale. Toujours sous la tente, ses effets continuellement enfermés dans des boîtes de ferblanc, il vivait dans son jardin comme en pleine exploration dans la contrée la plus sauvage. De plus en plus aigri, parce qu'il ne parvenait pas à réunir les fonds nécessaires pour entreprendre un nouveau voyage, il ne pouvait pardonner à sir Samuel Baker la découverte de l'Albert-Nyanza ni, surtout, celles plus magnifiques encore, suivant lui, que l'explorateur anglais allait lui dérober. Les succès du docteur Schweinfurth achevèrent de l'exaspérer et, n'y pouvant plus tenir, il partit, le 15 mars 1871, sans ressources et dans un état de santé déplorable.

Il put cependant atteindre le pays des Monbouttous, au sud des Niams-Niams; mais là sa petite escorte l'abandonna; il perdit dans un incendie ses manuscrits et ses collections et resta prisonnier des sauvages dans le plus complet dénûment. Une caravane d'Égyptiens le recueillit; il revint alors sur ses pas, repassa la rivière Gada, qu'il avait précédemment reconnue, ramenant avec lui deux de ces fameux nains Akkas qu'il avait décrits lors d'un de ses premiers voyages, description que l'on avait alors traitée d'imposture. Mais bientôt, dans le pays des Ngotos, Miani, épuisé par la fatigue, la misère et la souffrance, s'arrêta pour la dernière fois. Sentant sa fin prochaine, il fit creuser sa fosse sous ses yeux, et, suivant le récit de son ami le commandeur Camperio, député au parlement italien, il écrivit sur ses notes de voyage ces paroles touchantes : « Je n'ai plus la force d'écrire... je souffre affreusement... je viens de faire creuser une fosse pour m'enterrer, et mes serviteurs sont venus me baiser la main en me disant : Dieu veuille que tu ne meures pas !... Adieu, mes belles espérances, rêve de toute ma vie !... Adieu, Italie, pour la liberté de laquelle j'ai jadis combattu ! » Il donna ensuite sa bénédiction à ceux qui l'entouraient et rendit le dernier soupir. C'est le docteur Schweinfurth qui a recueilli ses papiers et ramené en Italie les nains Akkas ou Tikis-Tikis, que l'infortuné Miani aurait eu tant de joie à présenter lui-même pour confondre ses implacables détracteurs.

Assurément la découverte des Akkas est une des conquêtes les plus curieuses et les plus intéressantes de la science anthropologique. Le docteur Schweinfurth, qui avait eu occasion d'étudier cette peuplade avant de ramener en Europe les deux spécimens de Miani, en parle en ces termes :

« La nation naine des Akkas réside au sud des Monbouttous et leur est en partie soumise. Il n'atteignent jamais plus d'un mètre et demi. Leur prognathisme est très-prononcé ; ils ont de petites mains, de petits pieds. Très-agiles de leur nature, ils se servent habilement de la lance et de l'arc pour chasser l'éléphant. Je voulais emmener un de ces nains en Europe ; mais celui que j'avais choisi est mort en Nubie, dans le cours du voyage de retour. »

Les deux Akkas de Miani sont actuellement à Naples, où ils ont été l'objet des études attentives de plusieurs savants. Voici ce que l'on écrit sur leur compte :

« Les nains de Miani sont intelligents, curieux, observateurs, doués d'une bonne mémoire et reconnaissants pour le bien qu'on leur fait, mais péniblement affectés qu'on les regarde ou qu'on les touche comme des animaux. Ils ont le sentiment de la pudeur et un certain amour-propre. »

Ainsi que le pense M. Vivien de Saint-Martin, il est vraisemblable que ces curieux Akkas ne sont autres que les fameux Pygmées dont parlaient les géographes anciens et dont ils plaçaient l'habitat dans les marais du Nil.

Exploration du docteur Schweinfurth. — Puisque nous venons de citer le docteur Schweinfurth, donnons en quelques mots le récit de ses remarquables voyages.

Le docteur Schweinfurth, membre de la Société de Géographie de Berlin, partit de Khartoum en janvier 1869, avec le projet d'explorer le pays des Niams-Niams, dont certains voyageurs fantaisistes nous avaient donné une description par trop pittoresque. On a pu lire, dans le *Tour*

du Monde, une relation très-complète de cette exploration féconde en résultats scientifiques.

Le savant docteur consacra plusieurs mois à l'étude
des mœurs de ces sauvages, qu'il a le regret de signaler
comme réellement anthropophages ; en même temps, il
recueillait, dans cette région, de précieuses collections
d'histoire naturelle. En s'avançant plus au Sud, il rencontra un fleuve coulant vers l'Ouest, que les indigènes
nomment Ouëllé et que nul Européen n'avait vu avant
lui, quoique les frères Poncet et l'Italien Piaggia l'eus-
sent signalé, d'après le dire des Arabes. Selon les hypo-
thèses de M. Schweinfurth, l'Ouëllé doit être le cours supérieur du Tchari, fleuve qui se jette dans le lac Tchad ; mais
M. Nachtigal a exprimé, au Congrès géographique de
Paris, l'opinion que c'est plutôt le Logôn, affluent occidental du Tchari. Sur les rives de ce fleuve habite une
tribu inconnue jusqu'alors, les Monbouttous ; ils occupent un pays très-riche et sont beaucoup plus intelligents que les Niams-Niams, quoique plus adonnés encore à l'anthropophagie. On rencontre chez eux quelques
Akkas.

Après cette exploration profitable aux sciences géographiques, anthropologiques et d'histoire naturelle, le
docteur Schweinfurth fit une intéressante excursion dans
la grande oasis d'Egypte, souvent mentionnée par les géographes anciens. Il y recueillit tous les éléments nécessaires
pour en dresser la carte exacte au 1/100,000. La grande
oasis est située à 183 kilomètres au S.-S.-O. de Siout ;
elle a une longueur de 120 kilomètres et une population
de 5,700 âmes ; le chef-lieu, El-Khargué, en compte à
lui seul plus de 3,000. Soixante-quinze sources d'arro-
sage y entretiennent une grande fertilité ; elles sont toutes
thermales, d'une température variant entre 25 et 30 degrés
centigrades. On y rencontre un grand nombre de monu-

ments fort anciens, dont quelques-uns remontent au
ve siècle avant Jésus-Christ, et sept grands châteaux da-
tant de l'empire romain.

Au retour de cette dernière expédition, le docteur
Schweinfurth fut chargé, par le vice-roi d'Egypte, de
fonder au Caire une société de géographie qui porte le
nom de Société khédiviale, et qui a pour objet l'encouragement des explorations dans le bassin du Nil et dans le
Soudan oriental. Notre compatriote, M. le marquis de Compiègne, bien connu par son voyage sur le haut Ogòouë,
est secrétaire général de cette jeune société ; le docteur
Schweinfurth en avait accepté la présidence ; mais, tout
récemment, à la suite d'un conflit dont nous ne connaissons pas bien la nature, il crut devoir se retirer, et c'est
un des fils du vice-roi qui lui a succédé.

Exploration de Rholfs. — Vers la même époque eut
lieu l'expédition dirigée par M. Gerhard Rholfs, déjà
avantageusement connu par des explorations dans le
Sahara. Les dépenses de ce dernier voyage étaient sup-
portées par le kédive, et le but était de reconnaître les
régions orientales du Sahara au nord du Darfour et du
Ouadaï, entre les oasis égyptiennes et le Fezzan. Gerhard
Rholfs s'était adjoint une petite troupe de savants, composée du professeur Jordaëns, de Carlsruhe, astronome
et géodète ; du docteur Zittal, de Munich, géologue ; du
docteur Ascherson, de Berlin, botaniste ; et de M. Rémelé,
photographe. De Siout, la caravane atteignit facilement
l'oasis de Farafrah ; puis, le 8 janvier 1874, l'oasis de
Dakhel, dernière étape du monde connu à l'ouest du Nil.
A partir de ce moment, les fatigues et les privations des
voyageurs sont indescriptibles. Ils ne purent gagner plus
d'un degré dans l'Ouest ; il fallut reculer devant des dunes
de sable hautes de 400 à 500 mètres, et que leurs cha-

meaux se refusaient à gravir; en outre, les provisions
étaient épuisées. La caravane se vit donc forcée de
remonter vers le Nord, et n'atteignit l'oasis de Siwah
qu'après être restée quinze jours sans trouver une goutte
d'eau.

Exploration Nachtigal. — On sait que M. Nachtigal,
savant allemand des plus distingués, a reçu, au commencement de cette année, la médaille de la Société de Géographie de Paris; on ne peut méconnaître qu'il l'a bien
gagnée, si l'on considère la durée de son voyage dans le
Soudan oriental, qui est de cinq ans, et la valeur des documents scientifiques qu'il en a rapportés. En résumé, ce
patient explorateur, partant de Tripoli et longeant les rives
du lac Tchad, s'avança dans le Sud jusqu'à Gondy, puis,
revenant vers le Nord-Est, il atteignit Khartoum après
un parcours de 1,800 lieues dans des régions peu connues et chez des populations généralement hostiles aux
Européens. Cependant M. Nachtigal a tenu à honneur de
ne jamais dissimuler sa qualité de chrétien; aussi les
tribulations ne lui manquèrent-elles pas. Dans le pays de
Tibesti, il fut jeté en prison et dut s'évader au péril de sa
vie. Enfin il réussit à gagner le royaume de Bornou, sur
les rives du lac Tchad : nous lui devons la solution de
quelques intéressants problèmes géographiques concer-
nant cette région.

Le lac Tchad est alimenté par le fleuve Tchari; il est
parsemé d'îles très-peuplées, tributaires du sultan de
Bornou, dont la résidence est Kouka, sur les bords du
lac. Nachtigal, étant porteur de très-beaux cadeaux pour
le souverain, fut très-bien accueilli et put, à loisir, étudier le pays. La population du Bornou ne peut être évaluée
à moins de 5 millions d'habitants; les chevaux et les bêtes
de somme y vivent en abondance; on y cultive le blé, le

maïs, le riz, les arachides, les cucurbitacés, le tabac et le coton.

Le docteur Nachtigal fut témoin d'une des guerres fréquentes entre les petits souverains du Soudan. Le sultan Ali, du royaume de Ouadaï, attaqua le roi de Baghirmi, Abou-Sekir, et l'assiégea dans sa capitale, Massaa; il fit brèche dans les murs de cette ville au moyen d'une mine de poudre; mais le vaillant Abou-Sekir s'empressa de sortir, la lance au poing, par cette brèche, et, se frayant un chemin à travers les assaillants, se réfugia dans le Sud, où ses partisans ne tardèrent pas à le rejoindre. Nachtigal voulut visiter ce héros africain; mais il dut marcher jusqu'à Gourgoura pour l'atteindre. Dans ce pays, couvert d'une luxuriante végétation, le docteur mena malgré lui, avec son hôte devenu son ami, l'existence du chasseur d'esclaves, mais il y fut atteint par les fièvres et ne put qu'à grand'peine rentrer à Kouka. De là, en trente-quatre jours, il gagna Jaoua, sur le lac Fitri, puis pénétra dans le Ouadaï. Ce royaume s'étend du 11ᵉ au 15ᵉ degré de latitude Nord, et sur 4 degrés également de l'Est à l'Ouest; sa population est d'environ 3 millions d'habitants. Le caractère des habitants est farouche, superstitieux, cruel et ivrogne. C'est Mohammed, le frère du sultan actuel, qui avait fait assassiner le malheureux voyageur allemand Vogël; mais heureusement son fils était de meilleure composition, et, grâce à lui, Nachtigal put parcourir le pays sans accident et atteindre le Darfour. Le docteur estime la population de ce dernier royaume à plus de 4 millions d'habitants; le climat y est très-salubre. Le sel est le principal objet de commerce de cette région, mais l'ivoire y est devenu très-rare. Du Darfour à Khartoum, Nachtigal dut traverser un vaste désert dans lequel, pendant trente-quatre jours, on ne rencontre aucun puits. A El-Obeïd, sur la frontière orientale du Darfour, notre voyageur rencontra le gouverneur général de Khartoum qui marchait à la conquête de ce royaume. Nous parlerons plus loin du succès de cette expédition militaire.

Exploration Marno. — Du côté opposé, à l'est de la vallée du Nil, nous devons signaler les intéressantes excursions de M. Ernest Marno, jeune voyageur autrichien, auquel nous devons une étude consciencieuse du Bahr-es-Zéraf, branche latérale du Nil Blanc, et de nombreuses observations zoologiques et ethnographiques. Dans la suite M. Marno s'associa à la grande expédition égyptienne dont nous allons maintenant entretenir nos lecteurs.

Expédition Gordon. — Nous avons longuement conté les incidents vraiment émouvants de la dernière campagne de sir Samuel Baker dans la région des sources du Nil; peut-être nos lecteurs ont-ils partagé notre impression, que les dangers courus étaient bien grands par rapport aux résultats obtenus. Il y avait tout lieu de craindre qu'il ne se présentât aucun homme assez audacieux pour reprendre une tâche aussi ingrate que celle d'imposer le joug d'un gouvernement régulier à des populations belliqueuses et fanatiquement attachées à des chefs jaloux de leur indépendance et traîtres autant que cruels. Cependant cet homme s'est trouvé, Anglais comme son prédécesseur, et, comme lui, joignant à un ardent patriotisme la généreuse ambition d'arracher les peuples barbares du centre de l'Afrique aux tristes fléaux qui les déciment : l'esclavage, la paresse et le despotisme. Cet homme est le colonel Gordon, ou, si l'on préfère, Gordon-Pacha. Il sut grouper autour de lui une phalange d'hommes d'élite, de nationalités diverses, auxquels il inspira le noble enthousiasme qui l'animait lui-même, et dont plusieurs versèrent leur sang pour la grande cause de la civilisation.

Le nouveau gouverneur, pour le khédive, des régions du haut Nil, diffère de son prédécesseur en ce qu'il ne fait pas son jeu sur une seule carte, mais préfère envoyer coup sur coup, dans toutes les directions, de petites expéditions successives. Cette manière de procéder nous semble préférable de tout point; on recueille ainsi une ample moisson de documents précieux; chacun des chefs est employé suivant ses aptitudes spéciales et peut avoir sa part de responsabilité et d'initiative; enfin un échec, si grave qu'il soit, ne compromet en rien l'avenir de l'expédition. On peut dire que, dans sa campagne à la région des lacs, Gordon-Pacha a montré les vraies qualités d'un général en chef. Du reste, le lecteur en jugera lui-même.

C'est en 1874 que Gordon-Pacha prit le commandement des troupes égyptiennes destinées à opérer dans les régions du haut Nil; mais, avant de s'engager avec le gros de ses forces dans un pays où le ravitaillement d'une armée est chose très-difficile, il eut soin d'envoyer en reconnaissance son chef d'état-major. Le colonel Chaillé-Long-Bey partit en avant avec deux soldats et deux serviteurs; il atteignit Gondokoro en avril 1874 et se dirigea aussitôt vers la résidence du roi M'tesa, sur le Victoria-Nyanza, avec les présents destinés à s'assurer la bienveillance de ce souverain. En cinquante-huit jours, il arriva sans encombre à la résidence de M'tesa, qui le reçut magnifiquement, et, pour lui faire honneur, fit décapiter en sa présence trente de ses malheureux sujets. Le colonel put s'embarquer sur le lac Victoria, mais il n'en explora qu'une petite partie; il s'engagea bientôt dans le Nil Victoria ou Somerset, qu'il descendit jusqu'aux chutes de Karouma, décrites par sir Samuel Baker après son premier voyage. Là il dut livrer bataille à des hommes de la tribu des Danaglas, commandés par le chef Kabba-Rega; il fut blessé et ne rentra pas sans peine à Gondokoro. Mais il avait reconnu, vers le milieu du cours du Nil Somerset, un lac assez considérable qu'il appela lac Ibrahim.

Gordon-Pacha ne laissa au colonel Long que bien juste le temps de se remettre. Il lui confia le commandement d'un bataillon avec ordre d'aller reconnaître le pays des Makrakas Niams-Niams, à l'ouest de Gondokoro. Cette région est très-montagneuse; l'eau y est tellement imprégnée de fer qu'elle est à peine potable. Les habitants se livrent à l'anthropophagie quand la viande vient à leur manquer; le sol produit des bananes, des cannes à sucre, des melons d'eau, etc. Les Niams-Niams travaillent beaucoup le fer et aussi quelque peu le cuivre. Le colonel Long ramena de cette expédition un homme et une femme akkas; cette dernière ne consentit à l'accompagner que sous promesse de ne pas être mangée.

Pendant ce temps, Gordon-Pacha s'avançait vers le Sud. Il quittait Khartoum le 8 juin 1874 et arrivait le 15 au confluent du Nil et du Saubat, où il établit une première station, reliée à une autre station à 70 milles en amont sur cette dernière rivière. Le 3 septembre, il atteignit Gondokoro, mais renonça bientôt au séjour de cette localité, à cause de son mauvais climat; il préféra s'établir à Lado, au sommet d'une petite montagne située à 16 milles plus haut, sur la rive gauche du Nil. On transporta jusqu'à Dufflé, au-dessus des cataractes, les morceaux d'un petit vapeur démonté qu'on se mit aussitôt en devoir de reconstruire. Cette opération devait demander du temps; le gouverneur utilisa ce retard forcé en envoyant des détachements dans différentes directions.

L'année précédente, une armée égyptienne s'était emparée du royaume de Darfour, sous les ordres de Züber-

Pacha. Deux expéditions furent chargées par Gordon-Pacha de reconnaître les nouvelles provinces de l'empire égyptien; elles partirent de Khartoum le 5 décembre 1874.

La première, dirigée par le colonel d'état-major Purdy, quitta le Nil près de l'oasis de Selmieh et suivit la route des caravanes jusqu'à El-Fascher, capitale du Darfour, où elle parvint au mois de mai 1875. Sur presque tout ce parcours, elle trouva des puits suffisamment abondants; cependant le colonel indique deux points où il recommande d'en forer de nouveaux. La ville d'El-Fascher est bâtie sur deux côteaux entre lesquels s'étend un grand réservoir que remplit, pendant la saison des pluies, une petite rivière venant du Nord; pendant la saison sèche, il suffit de creuser de petits puits au fond de ce bassin pour avoir de l'eau en abondance. Le climat de la ville est toute l'année sain et agréable. Les bœufs sont très-nombreux et les chevaux excellents. Le colonel Purdy eut l'occasion de visiter, à l'Ouest d'El-Fascher, des mines de plomb, et dans le Sud des mines de cuivre très-renommées.

La seconde expédition, dont le commandement était confié au colonel d'état-major Colston, avait pour mission de rechercher une route plus courte que la précédente entre le Nil et le Darfour, puis de faire l'essai d'un chemin carrossable entre Debbe et Obeiyad, capitale du Kordofan. L'état de santé du colonel Colston obligea cet officier à remettre son commandement au chef de bataillon du génie Prout. Celui-ci constata qu'entre Khartoum et Obeiyad, il était facile de creuser quelques puits là où l'eau manque actuellement; partout les pâturages sont suffisants pour les chameaux, et, de plus, la route est parfaitement carrossable. On suit le Nil jusqu'à Tirà-el-Hadra à travers une plaine d'alluvion fertile, mais peu cultivée. On se dirige ensuite vers l'Ouest-Sud-Ouest ; à 6 kilomètres du Nil, on rencontre un petit lac, puis on traverse de grandes plaines ondulées couvertes de longues herbes et de forêts de mimosas. Cette région manque un peu d'eau ; cependant le produit des gommes paraît y être considérable. On trouve dans le sable des morceaux de minerai.

Deux jeunes Français s'étaient également enrôlés dans la grande expédition de Gordon-Pacha : c'étaient deux frères, fils de M. Linant de Bellefonds, savant des plus distingués, ministre des travaux publics sous Mehemet-Ali, et depuis lors fixé au Caire. Linant-Pacha, comme on l'appelle en Égypte, fut mal récompensé de son dévouement à sa nouvelle patrie. Ses deux fils périrent l'un après l'autre à quelques jours d'intervalle. Le premier mourut victime du climat meurtrier du Soudan dans le commencement de l'année 1875. Le second fut tué après un voyage d'exploration exécuté avec beaucoup de succès, et sur lequel nous possédons des détails très-curieux. Le 11 avril 1875, M. Linant de Bellefonds écrit une lettre des plus intéressantes sur son arrivée à la résidence de M'tesa, où nous avons déjà vu M. Chaillé Long. Il a pour escorte une compagnie de soldats soudaniens habillés de tuniques rouges, pantalons et turbans blancs qui produisent la plus grande impression sur les indigènes. Le jour de leur arrivée à la capitale du royaume de Ganda, dès le matin, 10,000 habitants les escortent, sautant et gambadant des deux côtés de la route, tandis que des émissaires du roi viennent à chaque instant saluer le jeune chef.

« La foule qui nous accompagne, écrit M. Linant de Bellefonds, grossit de plus en plus, mais ne nous gêne en rien dans notre marche. Elle nous laisse la route libre, elle gambade, se bouscule en flots tumultueux à travers les collines et les jardins. C'est un spectacle des plus gais et des plus réjouissants, de voir cette masse aux costumes les plus étranges et les plus variés couvrir complétement de vastes collines pour se précipiter ensuite comme un torrent dans les ravins ; tout le long de la route, une multitude de femmes est alignée devant les maisons et s'extasie dans l'admiration de notre cortége. Un médecin sorcier, couvert de mille colifichets, vient me haranguer ; tous les quarts d'heure, un courrier m'arrive essouflé d'auprès de M'tesa ; il m'apporte le salam, il repart immédiatement comme une flèche, et ne doit s'arrêter qu'aux pieds du roi à qui il doit porter la réponse. »

Le lendemain, Linant de Bellefonds est reçu chez le roi, avec beaucoup de solennité. Nous lui laissons encore la parole :

« Au bout de vingt-cinq minutes de marche, nous atteignons la première porte du palais ; nous traversons ainsi cinq cours où grouille une population nombreuse de M'tongalès (soldats agents de police) ; la dernière cour sert d'habitation aux exécuteurs. En pénétrant dans cette cour, un vacarme épouvantable m'accueille ; mille instruments, plus étranges les uns que les autres, font entendre les sons les plus discordants et les plus étourdissants. La garde de M'tesa, armée de fusils, me présente les armes ; le roi est debout à l'entrée de la salle de réception. Je m'approche et le salue à la turque ; il me tend la main que je serre ; j'aperçois à l'instant, à la gauche du roi, une figure d'Européen, basanée. C'est un voyageur ; je crois que c'est Cameron ! Nous nous observons sans nous adresser la parole.

« M'tesa pénètre dans la salle de réception ; nous le suivons. C'est un long couloir de douze mètres et large de quatre mètres, dont le plafond, incliné vers l'entrée, est

supporté par une série de colonnes en bois de dom,
divisant la pièce en deux nefs. La pièce principale est
libre et conduit au trône du roi ; les deux nefs sont occu-
pées par les grands dignitaires et les grands officiers. A
chaque colonne est adossé un garde du roi, à grand man-
teau rouge, turban blanc orné de poils de singe, culotte
blanche, blouse noire avec bandes rouges ; tous sont
armés de fusils.

« M'tesa prend place sur son trône, qui est une chaise
en bois en forme de fauteuil de bureau ; ses pieds repo-
sent sur un coussin ; le tout repose sur une peau de léo-
pard placée elle-même sur un tapis de Smyrne. Devant
le roi, une dent d'éléphant, parfaitement polie, sert de
parade, et, à ses pieds, se trouvent deux boîtes contenant des fétiches ; de chaque côté du trône on remarque
une lance (une de cuivre et une de fer), maintenue chacune par un garde ; ce sont les attributs de Ganda. Aux
pieds du roi sont accroupis le vizir et deux écrivains.

« M'tesa a beaucoup de dignité et ne manque pas d'une
certaine distinction naturelle ; son costume est élégant :
un couftan blanc terminé par une bande rouge, bas, ba-
bouches, veste en drap noir brodée d'or, tarbouche avec
plaque d'argent au sommet. Il porte un sabre à poignée
d'ivoire et un bâton.

« J'ai fait l'exhibition de mes présents que M'tesa a
feint de regarder à peine, sa dignité ne lui permettant
pas d'être curieux.

« Je m'adresse à l'étranger qui est assis en face de
moi, à la gauche du roi.

— « C'est à M. Cameron que j'ai l'honneur de parler ?

— « Non, monsieur ; M. Stanley.

— « M. Linant de Bellefonds, membre de l'expédition
du colonel Gordon.

« Nous nous inclinons avec la plus grande profondeur,

comme si nous nous trouvions dans un salon ; notre conversation est terminée pour le moment.

« Cette rencontre de M. Stanley m'a profondément surpris. M. Stanley était loin de ma pensée : j'ignorais complétement son projet d'expédition.

« Je prends congé du roi qui s'est amusé tout le temps à faire faire l'exercice à mes malheureux soldats et à faire sonner du clairon. Je serre la main à M. Stanley et lui demande de me faire l'honneur de partager mon dîner.

Linant de Bellefonds passe quelques journées charmantes dans la capitale du Ganda ; le roi est plein de prévenances pour lui et lui fait faire de pittoresques promenades en compagnie de ses femmes, avec haltes fréquentes dans des sites délicieux.

« A une de ces haltes, le roi, pour bien me faire voir à ses femmes, m'invite à ôter ma coufieh (mouchoir de soie qui couvre la tête) ; je me rends immédiatement à son désir, et, au même instant, je suis étourdi par des centaines de cris de : *Gromghi!* Ce qui répond à : bien beau ! J'en suis fort flatté ; mais, n'en déplaise à M'tesa, à cette admiration générale de son harem, j'aurais préféré le plus petit mouvement de tête d'une de nos dames européennes. »

Nous ne pouvons résister à la tentation de donner encore la description d'un paysage que Linant de Bellefonds admire en compagnie de Stanley :

« Devant nous, le lac fait étinceler à nos yeux sa nappe d'argent ; des îles verdoyantes aux douces ondulations forment une ceinture d'émeraudes à la baie de Murchison ; sur la côte, des masses d'un vert sombre font tache : ce sont des arbres immenses qui viennent tremper leurs racines et leurs branches dans l'onde fraîche et limpide du lac. A l'Est, un ruban argenté vient se perdre dans la masse du lac : c'est le canal que nous venons de traverser. Le spectacle est enchanteur, saisissant : le cœur gonfle, on ne peut qu'admirer. On a hâte d'approcher, de saisir ces merveilles, dans le milieu desquelles on se croit noyé ; nous hâtons notre marche, et, en moins d'une heure, les ondulations des flots du Nyanza Kéroué (Victoria Nyanza) viennent caresser nos pieds. Tous, nous buvons de l'eau du lac. M. Stanley et moi, nous portons des toasts à nos patries respectives. »

Une douce intimité s'était établie entre les deux voyageurs, et lorsqu'ils se séparèrent, Linant de Bellefonds sentit son cœur se serrer comme par un triste pressentiment. Peu de jours après, il rentrait sain et sauf ; mais dans une petite excursion, aux environs de Lado, sa petite troupe fut attaquée par la tribu des Moorzis et massacrée sans qu'il en restât un homme.

Gordon-Pacha, dès que cette triste nouvelle lui parvint, se mit en route pour châtier ces féroces sauvages ; comme il s'approchait de leur pays, ils lui envoyèrent un message ainsi conçu : « Venez, et nous nous asseoirons sous notre arbre, et nous enverrons nos enfants pour vous détruire. » Nos lecteurs pensent bien qu'ils reçurent une sévère leçon.

Du reste, à cette époque, le navire en fer était prêt à voguer sur le lac et rien ne pouvait plus arrêter sérieusement la marche en avant du gros des troupes égyptiennes. Gordon-Pacha, en stratégiste consommé, s'occupa d'établir solidement des postes militaires, bien reliés entre eux, et situés de manière à commander le pays et assurer d'une manière absolue les communications avec sa base d'opération. En conséquence, des garnisons avec camps retranchés furent laissées à Regaf, Farschélé ou Apuddo ou Affudo, à Ibraïmlya ou Gondokoro, à Fatiko, à Foweira, à M'rooli. Le chef nègre Rionga, dévoué aux intérêts du gouvernement égyptien, fut investi de l'autorité suprème sur les pays situés au nord du Nil Somerset. Le Pacha prit une vigoureuse offensive contre Kabba Rega, le souverain qui avait forcé Baker à battre en retraite et qui avait attaqué le colonel Long. Le misérable n'hésita pas à prendre la fuite, et son rival, Aufina, fut investi à sa place de la souveraine autorité à Masindi. Des postes importants furent aussi installés à Urondogani, et à Magungo sur le lac Albert Nyanza, près de l'embouchure du Nil Somerset. Les communications enfin furent assurées entre ces divers points et Duffilé sur le Nil Blanc. Ainsi était consommé d'une manière définitive l'annexion de ces régions à l'empire égyptien. Sir Samuel Baker avait conçu ce magnifique projet; mais des obstacles plus forts que son indomptable énergie l'avaient empêché de l'accomplir; il n'en a pas moins droit à la gloire d'avoir préparé les magnifiques résultats de l'expédition si bien menée par Gordon-Pacha.

En même temps, un lieutenant du général en chef, M. Gessi, accompagné de l'italien Piaggia, déjà connu par une expédition dans le pays des Niams-Niams, appareillait avec le navire en fer reconstruit à Duffilé. Il se mit en marche le 7 mars 1876; mais les vents contraires ne lui permirent d'atteindre l'embouchure que le 18 du même mois, quoique le trajet ne soit que de 164 milles. A peine dans le lac, le petit navire fut assailli par une tempête violente du nord-est. La situation était critique parce qu'on ne pouvait tenir le large et que, d'autre part, la rive était occupée par les troupes du fameux Kabba-Rega, qui se montraient on ne peut plus hostiles. On essaya cependant de mouiller à l'abri d'une pointe; mais l'ancre chassa et nos navigateurs furent jetés à la côte. Ils parvinrent cependant à renflouer leur barque, sans avoir été attaqués et purent, le 30 mars, pénétrer dans le Nil Somerset. Les rives étaient splendides et la chass abondante; mais on avait tout à redouter des hippopotames qui d'un coup de dent auraient pu crever la barque. Enfin, après dix jours d'attente au pied de la grande chute Naruma ou Murchison, signalée par sir Samuel Baker, on put se mettre en communication avec les troupes de Gordon-Pacha, et Piaggia fut alors mis à terre.

M. Gessi revint vers le lac où il entreprit un voyage de circumnavigation.

Le 14 avril, il passa devant trois chutes provenant d'une grande rivière nommée Tisa, qui paraît être le Kaugiri de sir Samuel Baker. Les indigènes affirment qu'elle vient de très-loin, du pays de Ganda, et que l'eau y coule en abondance toute l'année.

Le 18 avril, M. Gessi rencontra une nouvelle rivière ayant, à son embouchure, environ un mille de largeur, puis se rétrécissant promptement jusqu'à 180 mètres. Il entreprit de la remonter, mais, après sept milles, il se trouva au pied d'une chute tombant d'environ 500 à 600 pieds.

Ce ne fut qu'avec peine qu'il put entrer en relations avec les indigènes; ils lui dirent que cette rivière ne coule que pendant la saison des pluies, mais se dessèche en d'autres temps. Il apprit d'eux qu'il était parvenu réellement au fond du lac, que, plus au Sud, il n'y avait plus que très-peu d'eau et une forêt d'ambatch (espèce d'arbre dont le bois est aussi léger que le liége). Ils lui affirmèrent en outre qu'il n'y avait aucune rivière se jetant dans le lac de ce côté.

M. Gessi croit que les terrains marécageux se prolongent assez avant vers le Sud, et qu'il y a une véritable chaîne de petits lacs ou de marais s'étendant entre l'Albert-Nyanza et le lac Tanganyika. Il se dirigea ensuite vers la rive occidentale, distante d'une quarantaine de milles et y parvint, non sans peine, à entrer en relations avec les indigènes.

Nous reproduisons ici les termes mêmes de la conversation que M. Gessi eut avec un cheikh de la côte occidentale :

D. Je voudrais aller au fond du lac, veuillez m'indiquer par où il y a un passage ?

R. Vous ne pouvez pas aller plus loin que les Ambatch, car il n'y a pas d'eau.

D. Plus loin que les Ambatch, combien d'eau y a-t-il ?

R. Il me fit voir pour réponse le tuyau de sa pipe qui était de 25 à 30 centimètres.

D. Là, au fond, il y a une rivière qui se jette dans le lac ?

R. Il n'y a pas de fleuve ni au fond ni par ici, mais il y en a là, ajouta-t-il en me montrant la rivière que je venais de quitter.

D. Pourtant il doit y avoir une chute qui se verse des montagnes ?

R. Par là il n'y a pas de chute, mais, en allant plus haut, vous en rencontrerez trois.

D. D'où proviennent ces chutes ?

R. D'un fleuve qui se forme pendant le temps du harif (saison des pluies).

D. Comment s'appelle ce fleuve ?

R. Je n'ai jamais entendu qu'il eut un nom.

D. Là au fond, où finissent les forêts d'Ambatch, qu'est-ce qu'il y a ?

R. Du sable et des herbes, et l'eau manque déjà là où est le milieu des Ambatch.

D. L'eau, durant les pluies, augmente-t-elle à l'endroit où je suis ?

R. Non, elle est presque au même niveau ; si elle augmente, c'est de peu de chose.

En somme, il était suffisamment prouvé que, de ce côté, il n'y avait ni rivières, ni chutes.

Ce pays s'appelle Ouando et les indigènes paraissent portés au cannibalisme. Les montagnes y descendent à pic jusqu'au lac.

En somme, il résulte de l'exploration de M. Gessi que le lac Albert-Nyanza est loin d'avoir les dimensions que lui attribuaient sir Samuel Baker. On peut évaluer sa longueur à 140 milles environ et sa largeur à 50 milles au maximum. La côte Est présente quelques bons ports ; mais la côte Ouest est aussi inhospitalière que possible. Le tour du lac fut effectué en neuf jours.

La grosse découverte de Gessi est l'existence d'un second bras du Nil sortant, comme l'autre, de l'Albert-Nyanza, se dirigeant un peu vers l'Ouest, puis, au dire des indigènes, rejoignant le Bahr-el-Abiad au-dessus de Gondokoro. Ce fait peut avoir une très-grande importance en ce qu'il est possible que ce second bras du Nil soit navigable dans tout son parcours, tandis que celui connu jusqu'à ce jour était interrompu par des cataractes infranchissables. Si donc notre espoir n'est pas déçu, on pourra désormais aller directement par eau et sans obstacles de Khartoum à l'Albert-Nyanza.

Nous avons retracé le plus complétement possible les diverses explorations partielles dont se compose l'ensemble de l'expédition dirigée par Gordon-Pacha. Plusieurs autres intrépides voyageurs sont accourus dans ces derniers temps pour profiter de la route qu'ont frayée les colonnes expéditionnaires envoyées dans diverses directions par l'intelligent gouverneur général. Ces entreprises n'ont encore obtenu aucun résultat digne d'être mentionné. Nous nous bornerons donc à les citer sommairement.

Le docteur Siutzer, de la Silésie prussienne, s'est récemment enrôlé dans l'expédition égyptienne. Un Français, M. Lucas, se prépare à remonter le Bahr-el-Ghazal et prétend marcher sur les traces de Schweinfurth ; enfin, le docteur Junker, de Saint-Pétersbourg, et M. Kopp, de Stuttgard, attendent à Khartoum la saison favorable pour pénétrer dans le Darfour. Souhaitons-leur bonne chance, sans distinction de nationalité ; car la science n'a pas de patrie.

Il paraît que Gordon-Pacha se dispose en ce moment à rentrer en Angleterre ; nous ne pouvons mieux terminer cet exposé des grands résultats de son entreprise, qu'en reproduisant ces lignes de l'*Explorateur* du 13 juillet 1876 :

« Tout le monde sait avec quelle intelligence, quel zèle, quelle intrépidité, cet officier anglais s'est acquitté de la mission dont le vice-roi d'Égypte l'avait chargé ; tout le monde est à même d'apprécier les immenses services qu'il a rendus à ce prince, aux possessions duquel il a ajouté des provinces entières, ainsi qu'au commerce et à la science, en faisant connaître, en ouvrant des pays jusqu'alors inexplorés ; à l'humanité et à la civilisation, en combattant l'infâme trafic des eslaves ; et au prix de quelles souffrances physiques et morales cette tâche n'at-elle pas été accomplie !

« Le chef de ces lointaines et périlleuses expéditions a vu ses compagnons, ses lieutenants, Chippendale, Linant de Bellefonds, Anson Long, Marno, succomber les uns après les autres à la fièvre, à la peine, à la fatigue, au découragement. On conçoit qu'après de tels labeurs, de si cruelles épreuves, il sente, lui aussi, le besoin du repos, le désir de revoir sa patrie. L'engagement que le colonel a contracté au service du khédive expire à la fin de cette année. Le journal l'*Overland Mail* croit savoir que le célèbre explorateur n'a pas l'intention de le renouveler. Si cela est vrai, il est à craindre que, le chef manquant, le service expéditionnaire qu'il dirigeait ne se désorganise, et que les conquêtes qu'il avait tentées ne soient perdues à la fois pour l'Égypte et pour la civilisation. »

Explorations de M. Raffray. — Nous avons maintenant la satisfaction de présenter à nos lecteurs un compatriote : M. Raffray, entomologiste distingué.

Il débuta dans le dur métier de voyageur par des excursions en Algérie, d'où il rapporta d'intéressantes collections. Ces modestes débuts lui inspirèrent la noble ambition de se lancer sur un théâtre plus périlleux, dans l'Afrique équatoriale où le naturaliste trouve une moisson plus abondante et plus variée.

Il obtint du ministère de l'instruction publique une mission scientifique, ce qui lui procurait les avantages d'une protection officielle; mais il n'en faisait pas moins personnellement les frais de son voyage.

Il embarqua, le 27 juillet 1873, sur un navire de l'État, le *Tarn*, faisant le service de Cochinchine, qui devait le déposer à Aden; de là, il profiterait de la première occasion pour gagner Zanzibar. Mais on relâcha à Massaouah, où M. Raffray trouva le vice-consul de France, M. le comte de Sarzec, faisant ses préparatifs de départ pour une exploration dans l'intérieur de l'Abyssinie. Le voyage le tenta et il laissa partir le *Tarn*; quittant Massaouah le 13 août 1873, il suivit la route des caravanes pour se rendre à Adoua, capitale du Tigré, jolie petite ville maintes fois décrite. Il suivit ensuite la vallée du Ouéri, au pied de la chaîne des Auclas, dont les sommets servent de prisons politiques; sur l'un d'eux est relégué, les yeux crevés et chargé de chaînes d'argent, l'infortuné Raz-Golassier, compétiteur au trône d'Abyssinie, vaincu par son rival Raz-Kassa, qui règne encore sur ces contrées. Le voyageur visita ensuite Sokota, ville dont l'aspect rappelle singulièrement Adoua, avec ses maisons cylindro-coniques à toits de chaume ou carrées à terrasses ; il y vit les caravanes qui en partent chargées de sel gemme pour le pays des Gallas, où cette marchandise acquiert une grande valeur. Aux environs de Sokota, on remarque l'église d'Ouquère, entièrement creusée dans une montagne, avec des colonnes et des arcades taillées dans le granit.

Après avoir traversé le Tacazzé, affluent du Nil, M. Raffray pénétra dans le pays de Beguémédeur, d'un aspect moins sauvage, et où les vallées aux molles ondulations couvertes d'épais fourrés donnent tous les signes d'une luxuriante fertilité. Bientôt il gravit par des pentes douces le sommet de la montagne où se dresse le camp de Débratador, alors désert, le roi Iohannès (ou Jean) étant en campagne contre Raz-Adal, gouverneur révolté du Godjam.

Cependant, il désirait vivement faire la connaissance du vaillant successeur de Théodoros. Il l'atteignit à Gladios et l'accompagna jusqu'aux rives de l'Abbaï ou Nil-Bleu.

M. Raffray nous décrit d'une manière pittoresque la marche de l'armée :

« Une armée éthiopienne en marche offre un spectacle curieux et triste ; c'est bien l'idéal du désordre et de l'indiscipline ; mais cette foule bigarrée et disparate, qui se heurte, se pousse, se bouscule, lutte de vitesse ou chemine tranquillement, ce mélange d'hommes, de femmes, de guerriers, de serviteurs, de chevaux, de mules, d'ânes, défilant pêle-mêle avec les accoutrements les plus variés, semble une fantasmagorie. Vue à distance, on dirait les changements perpétuels d'un gigantesque kaléidoscope. Vienne un sentier étroit et difficile, chacun veut passer le premier ; on se pousse, on s'étouffe, c'est un flot humain qui ondule sur place, une cohue indescriptible, et il faut une journée pour passer là où un corps discipliné n'emploierait que quelques heures. »

M. Raffray donne aussi quelques détails sur la composition de l'armée abyssinienne ; ils intéresseront sans doute nos lecteurs en ce qu'ils leur permettront de se faire une idée de l'ennemi que combat en ce moment l'armée régulière égyptienne :

« L'armée de Iohannès, me dit Maderakal, interprète du négous, comprend environ 40,000 hommes armés, sur lesquels 2,000 au moins auraient des fusils.

« De ces deux chiffres, l'un me paraît trop considérable, et l'autre au-dessous de la vérité. Il est fort difficile, en effet, de savoir rien de précis, car il n'existe pas en Abyssinie d'armée régulière ; il n'y a pas d'enrôlement, pas de solde. Les armées abyssiniennes sont composées de deux éléments bien distincts, mais qui, au moment de la lutte, se trouvent confondus. Il y a deux sortes de soldats : les soldats de profession et les recrues volontaires ou forcées qui, guerriers aujourd'hui, retournent demain à leur charrue ou à leurs troupeaux.

« Ce sont des paysans que leur seigneur contraint parfois à marcher avec lui ou qui, le plus souvent, s'offrent spontanément. Le chef ou le motif de la campagne sont-ils populaires dans le pays que traverse l'armée, tous les hommes valides se joindront à elle. Le général s'inquiète fort peu de leur solde et de leur nourriture. N'a-t-il pas la réquisition à main armée et le pillage? C'est le théâtre de la guerre qui défraiera l'armée, et, si la campagne est longue, il sera ruiné.

« Les soldats sont cavaliers ou fantassins, et, parmi ces derniers, il y a encore les fusiliers et ceux qui sont simplement armés de lances. Les armes sont d'abord un sabre, tantôt presque droit, à un seul tranchant; tantôt recourbé, à deux tranchants, et ressemblant à une gigantesque faucille. Tous les soldats portent indifféremment l'un ou l'autre de ces sabres accrochés au côté droit : cet usage vient de ce que les Abyssiniens montent à cheval ou à mule du côté hors montoir. Pour les cavaliers et les lanciers, l'équipement est complété par un vaste bouclier rond, légèrement convexe, de 60 centimètres de diamètre, en peau de buffle ou d'hippopotame, et plus ou moins artistement gaufré de dessins concentriques, et d'une ou plusieurs lances ou javelines.

« Quant aux fusiliers, dont le nombre décide le plus souvent du sort des batailles, leurs armes sont bien défectueuses : ce sont généralement des fusils à mèches, d'origine orientale ou laissés dans le pays par les Portugais au quinzième siècle. Ils n'ont point de moules à balles, leurs projectiles sont des lingots de fer forgé ou même des balles cylindriques en schiste. »

Voici encore comme le voyageur raconte son entrevue avec le négous :

« L'heure de l'audience accordée par le négous était venue ; j'allais enfin voir le souverain d'Abyssinie, le successeur de ce fameux Théodoros.

« Revêtus de nos plus beaux atours, escortés de nos domestiques armés et de Madérakal, interprète de Iohannès, nous gravîmes la colline. Tout au sommet, une petite plateforme avait été recouverte de tapis de Perse, de peaux de lion, de coussins de soie ; c'est là que le négous nous attendait, accoudé sur des coussins. Derrière lui, des serviteurs tenaient un immense parasol en soie rouge, quelques seigneurs étaient groupés autour de lui, et à ses pieds se tenait accroupi son lion favori.

« Nous nous approchâmes pour le saluer ; il nous tendit très-gracieusement la main, et nous allâmes nous asseoir en face de lui, à la place qui nous avait été réservée. Il est d'usage, pour se faire bien voir des souverains d'Ethiopie, de leur offrir un présent, et les armes européennes sont particulièrement agréables à ces rois guerriers. Je n'avais nullement prévu ce nouveau genre d'impôt en quittant la France, et je dus me dessaisir de mon revolver. J'y ajoutai de la poudre, des balles, des capsules, etc., et, comme je m'excusais auprès de lui du peu de valeur de ce présent :

« Je ne regarde pas, répondit Iohannès, à la valeur « du cadeau, mais à l'intention de celui qui le fait. »

« Je ne m'attendais pas à une réponse aussi civilisée... C'est qu'en effet Iohannès n'est point, comme on pourrait le croire, et comme je le croyais moi-même, un roi sauvage.

« C'est un homme jeune, qui avait alors trente-quatre ans, de taille moyenne, la peau d'un brun foncé, les cheveux artistement tressés, le nez mince, le visage allongé, les extrémités très-fines; sa physionomie est calme, son air froid et sévère; il scrute du regard son interlocuteur; mais, s'il vient lui-même à parler, il baisse ou détourne les yeux, de peur qu'on ne devine sa pensée. Son costume était des plus simples : une grande robe étroite, en cotonnade blanche, et une chemma (pelisse) très-fine, à bande de soie brochée. Il avait la tête et les pieds nus, mais, dans les nattes de sa chevelure, était piquée une grande épingle d'argent terminée par une boule en filigrane que surmontait une croix. »

M. Raffray assure que, lors de sa seconde entrevue avec le négous, il fut frappé de sa sagesse et de sa modération :

« Le souverain nous reçut alors sous une vaste tente; le sol était encore recouvert de tapis et de peaux de lion. Au fond, sur un angareb qui lui servait de trône, Iohannès était à demi-couché sur des coussins de soie, enveloppé jusqu'au menton dans sa chemma. Quelques serviteurs et quelques amis étaient rangés autour de lui. L'entrevue fut longue, et, entre autres choses, on y parla des missionnaires catholiques, pour lesquels le vice-consul réclamait l'appui du souverain.

« Amenez-moi, lui dit le négous, amenez-moi vos missionnaires, je ferai amitié avec eux ; je les installerai dans la province où je suis né, au milieu de ma famille et de mes amis ; je leur construirai des maisons, des écoles et des églises ; je pourvoirai à leurs besoins ; je veillerai à leur sûreté, et je ne doute pas que l'exemple de leurs vertus ne gagne mes peuples plus encore que leur parole.

Et, parlant de l'Egypte, question brûlante s'il en fut, et qui devait soulever dans son cœur toute l'animosité bien naturelle à un souverain que l'on dépouille de ses provinces :

« L'Egypte, dit-il, convoite mon pays ; elle me cerne de tous côtés. Après s'être emparé de mes provinces, elle a dit qu'elle n'avait fait que reprendre son bien. Jusqu'à ce jour, je n'ai pas voulu m'opposer par la force à ses envahissements. A quoi bon verser le sang de mes peuples ? J'en appelle aux nations d'Occident. Je ne prétends point que les rois chrétiens de l'Europe viennent protéger, par les armes, le roi chrétien d'Ethiopie contre l'invasion musulmane qui menace mon pays ; mais que ces rois, auxquels je demande leur appui, s'entendent pour envoyer des hommes sages et intègres, des arbitres désintéressés qui prononceront entre Ismaïl-Pacha et moi. Qu'ils viennent, et ils verront lequel de nous deux a raison, quel est l'envahisseur ; ils délimiteront nos frontières respectives. Ce qu'ils auront fait sera bien fait, et ces limites, qui m'auront été tracées, je m'engage à ne pas les dépasser.

« Mon pays, je le sais, a besoin d'être réorganisé ; souvent mes peuples ne savent pas distinguer leurs amis

de leurs ennemis, dont la voix est trompeuse. Je travaille
en ce moment à unifier mon pays ; il me faut la paix à
l'intérieur aussi bien qu'à l'extérieur. Que l'on m'aide,
au lieu de m'entraver, et quand j'aurai vaincu le dernier
rebelle et ramené le calme dans mes Etats, alors je
m'adresserai à vous, qui venez ici représenter la France, et
je vous dirai de m'envoyer vos compatriotes, qui vien-
dront répandre au milieu de nous votre civilisation, qui
nous apprendront à faire toutes ces belles choses que
vous fabriquez en Europe. »

« Et quand on songe, ajoute M. Raffray, que celui qui
parlait ainsi était le négous d'Abyssinie, c'est-à-dire le
souverain d'un pays que nous considérons comme bar-
bare, comme sauvage ; quand on se rappelle que l'Egypte
lui a déjà enlevé Metemmah et le pays d'Ouchéni,
les Bogos, Massaouah et tout le littéral de la mer
Rouge, l'isolant, le parquant ainsi au milieu de ses montagnes, le privant de débouchés, et que ce cercle va se
resserrant tous les jours, on ne peut s'empêcher d'être
vivement ému en présence de la sagesse de ce jeune souverain, qui n'eut d'autres maîtres que sa conscience et
sa généreuse et droite nature. »

M. Raffray et M. de Sarzec quittèrent le négous peu
de jours après et revinrent à Massaouah, non sans avoir
contemplé le beau lac Tzana, où le Nil Bleu prend sa
source, et visité les deux anciennes capitales de l'empire
abyssin, Gondar et Axoum, fort déchues de leur ancienne splendeur.

Au nord de Gondar, nos voyageurs furent assaillis à
coups de pierre par des fanatiques ; ils durent se défendre
avec leurs armes et se réfugièrent dans une église. Ils ne
purent se dégager que moyennant une forte rançon. Le
3 avril, ils rentrèrent à Massaouah, après huit mois d'un
pénible voyage.

M. Raffray, tout en faisant cette intéressante excursion, n'avait nullement renoncé à explorer la côte orientale de l'Afrique équatoriale. Il se rendit à Aden, où il trouva un paquebot anglais qui le déposa à Zanzibar le 30 juin. Au moyen d'un cutter arabe, il longea la côte jusqu'à Mombaze, où il fut bien accueilli par des missionnaires anglais. Il se fit conduire dans les montagnes de Schimba, qui s'étendent du Sud au Nord et laissent passer, par des coupures, les rivières de Rabaï et de Ribé. Cette région est peu peuplée; on n'y rencontre que de pauvres tribus appartenant à la race des Gallas, qui, voyant un Européen pour la première fois, se montrèrent peu disposés à laisser M. Raffray séjourner au milieu d'elles. Trois semaines après son arrivée, une sécheresse désastreuse étant survenue, les indigènes l'accusèrent d'attirer sur eux ce fléau et le menacèrent de lui faire un mauvais parti; il fut obligé, quoique souffrant de la fièvre, de fuir précipitamment. Enfin, après trente et un mois de voyage, M. Raffray put rentrer à Paris : sa santé était sérieusement ébranlée, mais il rapportait des collections d'une grande richesse.

Expéditions égyptiennes en Abyssinie. — Faisons maintenant connaître en quelques mots où en est actuellement la guerre opiniâtre que le khédive d'Egypte a entreprise contre ce négous d'Abyssinie, auquel M. Raffray vient de nous intéresser. La dernière campagne s'ouvrit à la fin de 1875; il s'agissait du pays de Hamacen, dans le nord du Tigré, sur lequel les deux gouvernements prétendaient avoir des droits de propriété.

Les troupes abyssiniennes s'étant établies sur ce territoire, un corps d'armée égyptien, fort de 5,000 hommes, reçut ordre de partir de Massaouah, où il se trouvait campé.

Deux colonnes furent formées : l'une commandée par le colonel Arendrup, officier suédois ; l'autre par M. du Rolf, officier suisse. La première colonne fut détruite ; outre le colonel Arendrup, le comte Zichy et Arakel-Bey, neveu de Nubar-Pacha et gouverneur civil de Massaouah, furent tués. En même temps périssait, dans une embuscade, Munzinger-Pacha, sujet suisse, ancien explorateur africain, ancien consul d'Angleterre à Massaouah, à qui le khédive venait de confier le commandement en chef de l'armée d'invasion en Abyssinie.

L'autre colonne avait été forcée, naturellement, de battre en retraite.

Le khédive fit aussitôt organiser une nouvelle expédition beaucoup plus considérable : elle comprit quatre régiments d'infanterie, deux escadrons de cavalerie et trois batteries d'artillerie. Le commandement en fut confié à Ratib-Pacha, ayant comme chef d'état-major le général Loring, officier américain d'une grande valeur. La campagne commença par un succès ; on captura le général anglais Kirkham, ainsi que deux de ses compatriotes nommés Hampton, enrôlés au service du roi d'Abyssinie. La suite des opérations ne paraît pas avoir répondu à ce beau début ; mais il est difficile de savoir au juste ce qui s'est passé. Les Egyptiens prétendent bien avoir remporté de grandes victoires et avoir réduit le roi Jean ou Iohannès à faire la paix ; mais, d'après des renseignements particuliers, les régiments ayant fait partie de la grande expédition d'Abyssinie seraient rentrés singulièrement affaiblis et n'auraient pas précisément l'aspect de troupes victorieuses. D'autre part, les journaux d'Aden prétendent que la paix n'est nullement conclue, et qu'à l'heure qu'il est les Egyptiens sont loin d'avoir l'avantage dans les escarmouches qui continuent sur les frontières. Si l'on veut bien se rappeler combien a été sérieuse, en somme, l'expédition anglaise contre Théodoros, on ne s'étonnera pas de voir les Egyptiens rencontrer tant de difficultés dans leurs entreprises ambitieuses. Non-seulement la configuration du pays se prête merveilleusement à la guerre de défense, mais la population est vigoureuse, intelligente et animée, contre les musulmans, de la haine la plus farouche. N'oublions pas que les Abyssiniens sont chrétiens, et chrétiens fervents. Nous nous rappelons, à ce sujet, une anecdote curieuse de la guerre de Méhémet-Ali contre l'Abyssinie, guerre qui fut loin d'être heureuse pour les armes du grand pacha, soit dit en passant. A la fin d'une bataille, les troupes égyptiennes se repliaient vivement et un bataillon avait laissé son chef, vaillant officier français, seul aux prises avec la cavalerie ennemie. Notre malheureux compatriote, se voyant abandonné et ne voulant pas se rendre, se battait en désespéré, proférant les jurons les plus énergiques et les moins orthodoxes. Tout d'un coup, le chef ennemi arrêta ses cavaliers en leur disant : « Respectez cet homme, c'est un chrétien, et l'énergie avec laquelle il confesse sa foi devrait nous faire rougir, nous autres tièdes chrétiens. » Et c'est ainsi que le brave officier dut la vie à ses jurons.

Ce n'est pas, du reste, le seul terrain sur lequel l'ambition démesurée des Egyptiens ait subi des échecs. Certains territoires, qu'ils ont récemment essayé de s'annexer, leur ont été contestés par le sultan de Zanzibar, et les armes du khédive ont dû reculer devant une protestation soutenue par l'autorité de l'Angleterre.

Cette dernière puissance paraît plus heureuse dans ses entreprises de ce côté ; il est vrai qu'elle n'avance la main qu'à bon escient. On annonce la prise de possession, par la Grande-Bretagne, de l'île de Socotora, située, comme on sait, en face du cap Gardafui. Au premier abord, cette

possession ne semble pas bien enviable; l'île est pauvre
et ne paraît offrir aucune ressource au commerce, pas
même un port avantageux. Mais l'intérêt de l'Angleterre
à s'assurer de cette position se conçoit facilement, lorsqu'on réfléchit que Socotora est située sur la route qui
mène à l'Inde par le canal de Suez. Avec Périm, Aden
et Socotora, les Anglais sont maîtres de l'entrée de la mer
Rouge, et c'est là pour eux une question capitale.

Les Allemands s'occupent également d'organiser une
expédition sur la côte orientale d'Afrique : elle sera commandée par un jeune officier en congé illimité, et possé-
dera un petit vapeur se démontant facilement. Elle
compte explorer le pays des Somalis, les parages où
fut assassiné le baron de Deck, c'est-à-dire aux environs
des monts Kenia et Kilimandjaro.

Signalons enfin une importante expédition italienne
dirigée par le marquis Antinori. Il s'agit de pénétrer dans
le pays de Choa, situé au sud de l'Abyssinie, pour y
fonder une colonie. Ses débuts n'ont pas été des plus
heureux. Débarqués à Zeila, les voyageurs italiens n'ont
pas trouvé chez l'émir de cette localité, tributaire de
l'Egypte, l'accueil sur lequel ils comptaient, et ils s'en
sont plaints au khédive. Il en résulte que, malgré la bonne
volonté du roi de Choa, bien préparé d'avance par un
évêque italien missionnaire en ce pays, le marquis Antinori et ses compagnons n'avaient pu encore quitter Zeila
à la date du 16 juin 1876, et craignaient fort de se voir
retardés jusqu'à l'année suivante par la saison des pluies
qui allait commencer. De plus, leurs bagages avaient été
pillés par les Somaliens, en sorte que le marquis Antinori se vit forcé d'envoyer à Rome le comte Sébastien
Martini, membre de l'expédition, pour y chercher des
secours en argent et en instruments. Cependant le reste
de l'expédition avait essayé de marcher en avant. Après

de grandes tribulations, nos voyageurs rencontrèrent, le 23 juillet, à Toul-Harré, près d'Erer, un messager qui leur portait une lettre cachetée de plusieurs sceaux. Peu après, l'auteur de la lettre, M. Pierre Arnoux, se présentait au marquis Antinori, arrivant de Choa. Il portait, de la part du roi de ce pays, de magnifiques présents à S. M. Victor-Emmanuel. Il conseilla à l'expédition de rétrograder ; mais, ne pouvant l'y décider, il lui laissa une escorte de six Abyssiniens. Près du fleuve Hawash, à Adagalla, le marquis Antinori rencontra quelques officiers égyptiens qui transmirent leurs nouvelles en Europe.

On le voit, les explorateurs n'ont pas manqué à cette importante partie de l'Afrique, et l'on peut dire que, dans le cours de ces quatre dernières années, la géographie du bassin du Nil a plus progressé qu'elle ne l'avait fait depuis le commencement du monde. Nous pouvons être certains que chaque année amènera de nouvelles découvertes, et que, avant la fin du siècle, nous possèderons une carte exacte de ces régions, naguère encore enveloppées d'un mystère qui semblait impénétrable.

CHAPITRE III

Si dans cette troisième région les explorateurs sont moins nombreux, en revanche ils s'appellent : Livingstone, Stanley, Cameron, c'est dire que leur œuvre est immense. En outre, elle forme un ensemble si complet qu'on ne peut en rien détacher si l'on veut être clair. Il nous faut donc remonter un peu haut pour donner à nos lecteurs un bon travail d'ensemble. Toutefois, nous glisserons rapidement sur les premières expéditions de Livingstone, parce que réellement elles datent de trop loin pour le cadre que nous nous sommes assigné.

David Livingstone, le plus grand des voyageurs contemporains, était un zélé missionnaire écossais, faisant marcher de front la prédication évangélique et les intérêts de la science. Le secret de ses succès comme explorateur consiste en ceci : qu'il avait avec les sauvages d'Afrique, qui ne sont à tout prendre que de grands enfants, une patience à toute épreuve; ne se proposant jamais d'arriver à tel ou tel but à une époque déterminée, il séjournait volontiers des mois entiers dans une peuplade et savait conquérir l'estime et l'affection des indigènes au milieu desquels il vivait.

Il entreprit son premier voyage de 1848 à 1851 avec sa femme et ses enfants, partant de la colonie du Cap et

remontant vers le Nord, au-delà des parages jusqu'alors
connus des Européens. C'est ainsi qu'il reconnut le petit
lac Ngami qui fut le premier chaînon de cette série de
mers intérieures que successivement d'illustres voyageurs
ont découvertes dans le centre de l'Afrique. Peu après,
dans les mêmes parages, il rencontra un grand fleuve qu'il
supposa, avec raison, être le Zambèze ; dès lors il conçut
le vaste plan d'exploration qu'il n'a cessé de suivre jusqu'à la fin de sa vie. En 1853, après avoir renvoyé
en Angleterre sa femme et ses enfants, il retourna au
point où il avait trouvé le Zambèze et entreprit de gagner
l'Atlantique en remontant vers le Nord-Ouest ce fleuve et
ses affluents (1). Il n'était accompagné que d'une troupe
d'hommes de la grande tribu riveraine des Makalolos,
dont il s'était fait des amis. Après 200 lieues en canot, il
quitta cette voie pour traverser, la boussole à la main, de
vastes régions inondées, coupant à angle droit de grands
cours d'eau qui se dirigeaient vers le Nord. Enfin, après
avoir franchi la région montagneuse qui court parallèle-
ment à la côte occidentale, il atteignit cette côte à Saint-
Paul-de-Loanda, en mai 1854, épuisé par les privations
et la fièvre. Tout autre, à la place de Livingstone eut es-
timé en avoir assez fait et n'eut songé qu'à rentrer en
Angleterre pour rétablir sa santé délabrée. Mais l'honnête missionnaire ne put se résoudre à abandonner ses
fidèles compagnons de route si loin de leur pays natal. A
peine rétabli de la fièvre, il repartit avec eux pour la contrée des Makololos. En route, il recueillit, de la bouche
des voyageurs arabes, quelques renseignements précieux

---

(1) *Revue maritime et coloniale.* Mai 1875. *Les explorateurs de
l'Afrique centrale*, par M. A. Roussin, sous-commissaire de la
marine.

sur les régions populeuses qui s'étendent vers le Nord. C'est ainsi qu'il eût connaissance d'un grand lac se trouvant sur le trajet des caravanes de Zanzibar au Zambèze. Ses ressources ne lui permirent pas de suivre cet itinéraire, et il se contenta de descendre le fleuve jusqu'aux établissements portugais de la mer des Indes. Il y parvint en mai 1856, après avoir fait en six mois le trajet de 800 à 900 lieues qui constitue la traversée entière du continent africain sur ce parallèle.

Après deux années de séjour en Angleterre, Livingstone repartit pour l'embouchure du Zambèze, avec des moyens d'action considérables, pour fonder une colonie et détruire le commerce des esclaves qui désolait ces riches contrées. Mais il trouva, dès le début, des obstacles de toutes sortes; plusieurs de ses compagnons moururent et sa femme même succomba à la fièvre. Toutefois, durant les six années, de 1858 à 1864, que dura cette campagne, Livingstone put reconnaître en détail les régions situées au Nord du Zambèze; il y découvrit le grand lac dont il avait entendu parler, le Nyassa ou Moravi, qui communique avec le Zambèze par un de ses affluents, le Chiré.

Vers cette époque, Speke et Burton découvraient le lac Tanganiyka, situé au nord-ouest du Nyassa, puis Speke et Grant reconnaissaient le Victoria-Nyanza, qu'ils affirmaient être les vraies sources du Nil et indiquaient l'existence de l'Albert-Nyanza, que Sir Samuel Baker confirmait peu de temps après.

Livingstone sentit son ardeur renaître à la nouvelle de ces dernières conquêtes de la science, et il résolut de consacrer tout ce qu'il lui restait de forces à la solution du problème des sources du Nil, qui ne lui semblait pas obtenue d'une manière satisfaisante. Il ne voulait pas admettre, en effet, que l'origine du grand fleuve fut le Vic-

toria-Nyanza de Speke et de Grant; il préférait la voir
dans le Tanganiyka, supposant une communication flu-
viale entre ce lac et l'Albert-Nyanza. Il part donc, seul
de nouveau, et s'enfonce dans le continent africain en mars
1866. Il remonte la Rovouma qui s'écoule du lac Nyassa
dans la mer des Indes, atteint la pointe Sud de ce lac et
de là se dirige vers le Tanganiyka. A cette époque, des
hommes de son escorte rentrent à Zanzibar, annonçant
que le docteur a été assassiné; mais en 1857, il écrit de
Bemba, ville située entre le lac Nyassa et le Tanganiyka,
qu'il a été traîtreusement abandonné par ces mêmes
hommes qui faisaient courir le bruit de sa mort. En décembre 1867 et en juillet 1868, il écrit encore de Lucenda,
dans le pays de Cazembé où il est parvenu après avoir
longé le sud du lac Tanganiyka. En s'éloignant des rives
du Nyassa, il a croisé d'abord plusieurs affluents du
Zambèze, puis atteint de hauts plateaux courant de l'Est
à l'Ouest. Sur ces plateaux, un grand nombre de petites
rivières prennent leurs sources et se réunissent bientôt
pour former un cours d'eau important, lequel traverse
plusieurs lacs et que le docteur appelle Tchambèzé. Les
deux premiers lacs, le Bangoucolo et le Moero, sont situés
au sud-ouest du Tanganiyka et mesurent de 20 à 30
lieues de diamètre. La ville de Cazembé est placée près
de Moero. Plus au Nord, le fleuve traverse d'autres lacs et
reçoit plusiers affluents, du moins d'après le dire des indigènes; de plus, il change plusieurs fois de nom :
Tchambèzé à sa source, il devient ensuite Louapoula, puis
Loualaba; au nord du lac Moero, il reçoit le Loufira,
grand cours d'eau venant du Sud. L'ensemble de toutes
ces eaux se dirige vers le nord, et Livingstone affirme
avec beaucoup de conviction que ce doit être là le cours
véritable du haut Nil, soit que le Tchambèzé aille directement se jeter dans l'Albert-Nyanza, soit qu'il commu-

nique avec le Tanganiyka, lequel se déverserait lui-même dans l'Albert-Nyanza.

A partir de la lettre de juillet 1868, à laquelle nous empruntons ces derniers détails, on resta trois longues années sans recevoir aucune nouvelle du célèbre voyageur, et l'on peut dire que le monde entier se préoccupa de ce silence prolongé. En mars 1871, des Arabes rapportent à Zanzibar que le voyageur chrétien se trouvait, à la fin de 1870, dans les pays au-delà du Tanganiyka, seul avec un marchaud arabe, sans secours, sans ressources et accompagné d'un petit nombre de serviteurs. La famille de Livingstone et l'Angleterre entière s'émurent de ces nouvelles, et une expédition, dont faisait partie le fils même de l'illustre docteur, partit pour Zanzibar ; mais elle perdit beaucoup de temps dans cette île, et au moment où elle allait enfin se mettre en route, vers le commencement de 1872, on apprit tout-à-coup qu'un journaliste américain, nommé Stanley, rapportait des nouvelles de Livingstone.

On ne peut dépeindre la stupeur et le désappointement que produisit en Angleterre cette incroyable nouvelle : un reporter américain, seul, avec les ressources fournies par son journal, venait de réussir d'emblée dans cette entreprise qu'une nombreuse expédition anglaise, subventionnée par la Société de Géographie de Londres, avait tant de peine à organiser ! Ce fut au point que, de prime-abord, on contesta formellement le voyage de M. Stanley; on déclara ses rapports apocryphes, et il ne fallut rien moins que l'autorité du fils de Livingstone pour faire reconnaître l'authenticité des lettres du docteur, rapportées par l'heureux journaliste. Rien n'est plus curieux que le passage du livre de M. Stanley : *Comment j'ai retrouvé Livingstone*, où il raconte son départ pour l'Afrique; rien ne peut mieux donner une idée de la puissance de ces grands journaux du Nouveau-Monde et de la simplicité héroïque avec laquelle les Américains savent entreprendre les plus grandes choses.

« Le 16 octobre de l'an du Seigneur 1869, j'étais à Madrid, rue de la Croix ; j'arrivais du carnage de Valence. A dix heures du matin, Jacopo m'apporte une dépêche ; j'y trouve les mots suivants : « Rendez-vous à Paris ; affaire très-importante. » Le télégramme est de James Gordon Bennett fils, directeur du *New-York Herald*.

« A trois heures j'étais en route. Obligé de m'arrêter à Bayonne, je n'arrivai à Paris que dans la nuit suivante. J'allai directement au Grand-Hôtel et frappai à la porte de M. Bennett.

« Entrez, dit une voix.

« Je trouvai M. Bennett au lit.

« — Qui êtes-vous, me demanda-t-il ?

« — Stanley.

« — Ah ! oui, prenez un siége. J'ai pour vous une mission importante.

« Il jeta sa robe de chambre sur ses épaules et dit vivement :

« — Où pensez-vous que soit Livingstone ?

« — Je n'en sais vraiment rien, monsieur.

« — Croyez-vous qu'il soit mort ?

« — Possible que oui, possible que non.

« — Moi je pense qu'il est vivant, qu'on peut le trouver, et je vous envoie à sa recherche.

« — Avez-vous réfléchi, monsieur, à la dépense qu'occasionnera ce voyage ?

« — Vous prendrez d'abord 25,000 francs ; quand ils seront épuisés, vous ferez une traite d'autant, puis un troisième, et ainsi de suite ; mais retrouvez Livingstone.

« — Dois-je aller directement à la recherche de Livingstone ?

« — Non, vous assisterez à l'inauguration du canal de

Suez ; de là, vous remonterez le Nil. J'ai entendu dire que Baker allait partir pour la Haute-Égypte ; informez-vous le plus possible de son expédition. En remontant le fleuve, vous décrirez tout ce qu'il y a d'intéressant pour les touristes et vous nous ferez un guide pratique ; vous direz tout ce qui mérite d'être vu et de quelle manière on peut le voir. Vous ferez bien, après cela, d'aller à Jérusalem : le capitaine Warren fait, dit-on, là-bas des découvertes importantes ; puis à Constantinople, où vous vous renseignerez sur les dissentiments qui existent entre le khédive et le Sultan. Après... Voyons un peu, vous passerez par la Crimée et vous visiterez ses champs de bataille ; puis vous suivrez le Caucase jusqu'à la mer Caspienne ; on dit qu'il y a là une expédition russe en partance pour Khiva. Ensuite, vous gagnerez l'Inde en traversant la Perse ; vous pourrez écrire de Persépolis une lettre intéressante. Bagdad sera sur votre passage ; adressez-nous quelque chose sur le chemin de fer de la vallée de l'Euphrate ; et, quand vous serez dans l'Inde, embarquez-vous pour rejoindre Livingstone. A cette époque, vous apprendrez sans doute qu'il est en route pour Zanzibar ; sinon, allez dans l'intérieur et cherchez-le jusqu'à ce que vous l'ayez trouvé. Informez-vous de ses découvertes. Enfin, s'il est mort, rapportez-en des preuves certaines. Maintenant, bonsoir et que Dieu soit avec vous.

« — Bonsoir, monsieur ; tout ce que l'humaine nature a le pouvoir de faire, je le ferai, ajoutai-je, et, dans la mission que je vais accomplir, veuille Dieu être avec moi. » (1).

---

(1) Ce récit est extrait de l'intéressant volume : « *Comment j'ai retrouvé Livingstone.* » publié par la maison Hachette.

Ne croit-on pas rêver en lisant ce récit, et peut-on se défendre d'un profond sentiment d'admiration pour cette audace américaine qui aborde de telles entreprises avec autant de sérénité? Quoi qu'il en soit, M. Henri Stanley ne perdit pas de temps pour se mettre à l'œuvre et pour remplir le programme qui lui était tracé. Mais nous n'avons à nous occuper ici que de la dernière partie de sa mission, celle qui concerne la recherche de Livingstone.

Grâce à son énergie et aussi à l'intelligence avec laquelle il sut combiner son matériel de manière à ne manquer de rien et à ne pas être surchargé, il parvint sans trop de peine jusqu'à Tabora. Là il trouva la colonie arabe engagée dans des luttes interminables avec les tribus indigènes; il prit même part à une expédition guerrière, y perdit plusieurs de ses hommes, vit ses alliés battus et Tabora presque détruite; enfin il dut faire un long détour vers le Sud pour gagner le Tanganiyka par une route inconnue des caravanes. Se dirigeant avec la boussole, il atteignit Oujiji sur le lac le 10 novembre 1871. C'est là que Stanley trouva Livingstone. L'histoire de la rencontre des deux voyageurs est trop caractéristique pour que nous ne cédions pas à la tentation de la raconter en détail. Le lecteur la rapprochera de celle de l'entrevue de Linant de Bellefonds et de Stanley à la cour du roi M'tésa.

Stanley entrait dans les rues du village d'Oujiji, à la tête de sa caravane marchant en bon ordre, drapeaux déployés, et faisant feu de toute sa mousqueterie. La foule se pressait sur le passage des nouveaux arrivants; deux petits négrillons se frayèrent un chemin jusqu'à Stanley pour lui apprendre que leur maître, le docteur Livingstone se trouvait dans le village. Livingstone parut, en effet, sous sa verandah, entouré des principaux Arabes de la localité, et la caravane s'arrêta vis-à-vis de sa demeure. Stanley s'avança vers l'homme blanc, qu'il aperçut vêtu d'une jaquette rouge et coiffé d'une casquette à galon d'or terni ; sa barbe était grise et ses traits pâles trahissaient une profonde fatigue. Stanley sut prendre sur lui d'observer la dignité commandée à un homme blanc sur lequel les Arabes avaient les yeux fixés.

« J'aurais couru jusqu'à lui, dit-il dans son livre, n'eut été toute cette foule qui m'imposait ; je l'aurais embrassé, n'eut été que j'ignorais l'accueil qu'il me ferait en sa qualité d'Anglais ; aussi je pris le parti que m'inspirèrent ma couardise et le respect humain. Je marchai droit à lui, levai mon chapeau et dis :

— « Le docteur Livingstone, je présume ?

— « Oui, répondit-il avec un doux sourire, en soulevant légèrement sa casquette.

— « Je replaçai mon chapeau sur ma tête ; il remit sa casquette, et nous nous serrâmes la main. Je repris tout haut :

— « Je remercie Dieu, docteur, d'avoir pu vous rencontrer.

— « Il répondit : Je suis reconnaissant de me trouver ici pour vous souhaiter la bienvenue. »

Est-il besoin d'ajouter que cette glace du premier moment fut vite rompue dès que nos deux explorateurs se trouvèrent en tête-à-tête. On imagine facilement l'avidité avec laquelle Livingstone reçut les nouvelles d'Europe, lui qui n'en avait aucune depuis quatre ans. De son côté, il eut à conter les grands voyages qu'il avait accomplis dans ces régions inconnues.

Au commencement de 1869, il avait remonté la rive occidentale du Tanganiyka, et avait traversé le lac pour gagner Oujiji ; en juin, il repartait de ce point, avec un trafiquant arabe pour visiter les régions inconnues à l'ouest du lac. Ce pays, habité par une peuplade connue sous le nom de Manouyemas, était à peine explorée par les Arabes qui cependant y avaient établi un entrepôt nommé Bambarré, à une quinzaine de jours de marche dans l'Ouest du Tanganiyka. Livingstone, atteint de graves ulcères aux pieds, dut y séjourner six mois avant de pouvoir se remettre en route. Il marcha jusqu'à la rencontre du fleuve Loualaba en un point où, sorti d'un troisième lac plus au Nord que le Moëro, il était près, lui dit-on, d'en atteindre un quatrième situé plus haut encore. D'après Livingstone, la circulation dans ces régions est rendue très-difficile par les pluies incessantes qui produisent de vastes marais. Dans le pays des Manouyemas, il faut franchir des chaînes montagneuses, couvertes de forêts, entrecoupées de cours d'eau avec des marécages sans fond. Les herbes des prairies s'élèvent à 3 mètres de hauteur, avec des tiges rigides de la grosseur du doigt. On ne peut se frayer un chemin que dans les sentiers déjà ouverts par les éléphants.

Arrivé sur le Loualaba, Livingstone fut forcé de revenir en arrière : les indigènes, irrités par les procédés des Arabes, étaient hostiles, les serviteurs du voyageur l'abandonnaient, ses ressources étaient épuisées. Pour comble de malheur, en arrivant à Oujiji, en octobre 1871, le docteur apprit qu'un dépositaire infidèle avait vendu ses derniers approvisionnements. Il était donc bien temps que Stanley arrivât pour arracher Livingstone à une mort misérable qui semblait inévitable ; mais, amplement ravitaillé, il revint promptement à la santé et résolut aussitôt d'employer ses forces renaissantes à l'étude d'un problème qui toujours lui tenait fort au cœur. Il s'agissait de constater si, oui ou non, le lac Tanganiyka se déversait vers le Nord dans la direction de l'Albert-Nyanza. Stanley et lui s'embarquèrent pour se diriger vers le Nord. A l'extrémité du lac, ils trouvèrent bien un cours d'eau, le Rouzizi, mais ils ne purent méconnaître qu'il versait ses eaux dans le Tanganiyka; il arrivait d'une longue vallée encaissée dans des montagnes. Ainsi donc tombait l'hypothèse du docteur reliant le Tanganiyka à l'Albert-Nyanza et en faisant ainsi la première origine du Nil. Mais Livingstone n'était pas homme à se tenir pour battu et il se rejeta sur l'hypothèse d'une communication directe du Tchambèzé, ou Loufira, ou Loualaba, avec l'Albert-Nyanza, ce qui devait encore permettre de considérer les sources de ce fleuve comme étant celles du Nil. Il résolut de diriger ses recherches dans ce sens; mais M. Stanley le quitta le 13 mars 1872 pour regagner l'Europe.

L'infatigable docteur se lança donc de nouveau dans l'Ouest : il retrouva son fleuve, parcourut le pays de Katanga où se trouvent des mines de cuivre, puis fut obligé de revenir vers l'Est, pour des raisons que nous ne connaissons pas très-bien. Il dut s'engager alors dans une région lacustre, où il fallait marcher dans l'eau, souvent jusqu'à mi-corps. Plusieurs de ses hommes avaient déjà succombé à la dyssenterie, maladie opiniâtre qui ne pardonne guère sous ces latitudes, lorsque lui-même se sentit atteint. Il s'affaiblit promptement et ne tarda pas à se rendre compte de son état : « Je ne reverrai plus ma rivière, » répétait-il souvent avec tristesse. Bientôt il fallut le porter sur une litière ; le 27 avril 1873, il écrivit encore quelques lignes sur son journal : ce furent les dernières. Dans la nuit du 4 mai, il expirait sous une hutte de branchages et d'herbes.

Les hommes de l'escorte résolurent de conserver son corps ; on l'ouvrit et l'on retira les intestins pour les enfermer dans une boîte d'étain que l'on enterra sous un grand arbre, sur l'écorce duquel on grava cette simple inscription : *Le docteur Livingstone, mort le 4 mai* 1873.

On mit ensuite le cadavre dans du sel et on le fit sécher au soleil ; ainsi réduit en momie, on le porta dans un cercueil fait d'écorce d'arbre. Il fallut sept mois au funèbre cortége pour atteindre Ounyanyembé, où il rencontra M. Cameron et les autres membres d'une expédition envoyée d'Angleterre à la recherche du célèbre voyageur. Le 13 avril 1874, les restes de ce grand homme arrivèrent à Londres, où des honneurs exceptionnels leur furent rendus aux frais du trésor public. Le corps repose à Westminster. Sur un cercueil en chêne, très-sobrement orné, on a gravé cette inscription qui rappelle par sa simplicité celle du lieu de son décès :

Docteur Livingstone, né à Blantyre, Lamarkshire
(Écosse), le 19 *mars* 1812,
mort à Ilala (Afrique centrale) le 4 *mai* 1873.

Quant aux papiers de l'illustre voyageur, la première partie, comprenant de 1865 à 1870, fut remise par M. Stanley à M. Livingstone fils ; les derniers ont été rapportés à Zanzibar par les fidèles serviteurs du docteur. Une commission a été formée dans le sein de la Société de Géographie de Londres pour procéder à la révision finale du texte, au calcul des observations et à la construction des cartes.

Nous venons de parler des serviteurs dévoués de Livingstone qui rapportèrent pieusement, avec son corps, les papiers où se trouvent consignés ses derniers travaux. Une mention spéciale est bien due au nègre Jacques Wainwright. Ce courageux et intelligent serviteur a su écrire une relation naïve et saisissante des dangers et des difficultés de toutes sortes qu'il fallut affronter pour ramener dans sa patrie les restes de son illustre maître.

On trouve aussi dans le récit de Jacques Wainwright de curieux détails sur le lac Bangouéolo et les autres parages qu'il a visités à la suite de Livingstone.

Exploration Stanley. — Nous avons dit le premier voyage de Stanley, celui qui aboutit si heureusement à la rencontre et au ravitaillement de Livingstone. Il nous reste à conter ce que nous savons jusqu'à présent de la seconde entreprise de l'émule du grand voyageur anglais. Cette fois le *New-York-Herald* s'est associé au journal anglais, le *Daily Telegraph*, pour faire les frais de l'expédition (1).

M. Henri Stanley arriva sur la côte orientale d'Afrique au mois de septembre 1874; il s'essaya tout d'abord en faisant l'exploration scientifique de la rivière Loufidji, en compagnie de deux Anglais : MM. Pocock et Francis. Six semaines furent consacrées à l'étude de cet important cours d'eau, qui vient de très-loin dans l'intérieur et se jette dans l'Océan Indien par un delta de près de soixante-quinze kilomètres d'envergure. Stanley constate que le Loufidji peut être remonté jusqu'à 240 milles de la côte avec des embarcations légères.

Le voyageur Américain rentre ensuite à Zanzibar pour y préparer une grande expédition vers le lac Nyanza qu'il veut reconnaître en détail; ses compagnons brûlent de le suivre dans cette nouvelle entreprise; on emportera un bateau démonté pour la navigation du lac.

Dès le 13 décembre, Stanley a quitté la côte pour s'enfoncer dans l'intérieur et, dans sa première lettre, on

---

(1) Nous empruntons les détails suivants à l'*Année géographique* de M. Vivien de Saint-Martin, année 1875. — Paris. — Librairie Hachette. 1876.

sent une confiance, une certitude du succès bien rares
chez les explorateurs de l'inconnu. Il marche avec des
centaines d'hommes militairement équipés à la conquête
scientifique de terres nouvelles. Partout cette puissante
escorte frappe de stupéfaction les populations sauvages
et l'expédition s'avance rapidement sans rencontrer aucune difficulté. Cependant, jusqu'à Mpouapoua, pays
situé sur la rivière de même nom, l'itinéraire se main-
tient dans des parages déjà parcourus soit par Speke,
soit par Stanley lui-même, dans son premier voyage.
Mais désormais, montant vers le Nord-Ouest, l'expédition va pénétrer dans des régions inexplorées.

La seconde lettre de M. Stanley est datée du 1er mars
1875, du village Kagehyi, canton d'Ontchambi, pays
d'Ousoukouma, sur le Victoria-Nyanza.

En quittant Mpouapoua, il fallut traverser le pays d'Ou-
gogo, déjà renommé pour l'inhospitalité de ses habitants.
En outre, l'expédition eut à supporter dans ce maudit
pays de violentes rafales et des pluies diluviennes. Les
hommes mouraient de fatigue et de faim et le découragement de l'escorte menaçait de faire avorter l'expédition. Seuls, les blancs résistaient à ces épreuves, soutenus par le sentiment de la supériorité morale.

« Quoique souffrants de la fièvre et de la dyssenterie,
écrit Stanley, insultés par les habitants, marchant sous
la chaleur et les pluies équatoriales, ils se montraient
d'une noble et mâle nature, fermes, braves, et, ce qui
vaut mieux que tout le reste, vraiment chrétiens. »

Enfin, le dernier jour de l'an 1874, on atteignit la
frontière de l'Ougoro. Deux jours de marche menèrent,
à travers une longue plaine, au pays d'Ousandâoui, fameux par ses éléphants, puis on entra dans l'Oukimbou
qu'on nomme aussi Ouyanzi. Là, les guides désertèrent
et la marche devint très-pénible à travers des forêts d'aca-

cias et d'euphorbes sans sentiers frayés. Six hommes moururent, trente étaient malades; le jeune Edward Pocock, atteint de fièvre typhoïde, succomba aussi. « Je me sentais prêt à pleurer, dit Stanley, à la vue de leurs misères, mais il fallait garder toute ma fermeté pour ne pas ajouter à leur abattement. »

On eut quelque peine à pénétrer dans le pays d'Ourimi, où le chef de l'expédition constata qu'on avait atteint le quatre centième mille depuis la côte. C'est à partir de ce point que les eaux commencent à s'écouler vers le Nord pour aller former le vaste réservoir d'où sort le Nil, et cette observation ranima le courage des voyageurs.

L'expédition campa quelques jours près du village de Vinyata, situé dans une large et populeuse vallée contenant de deux à trois mille habitants, et arrosée par la rivière de Livoumbou. Même dans les temps secs, ce cours d'eau mesure vingt pieds de largeur sur deux de profondeur; dans la saison des pluies, c'est une profonde et formidable rivière. Ici, M. Stanley et ses compagnons eurent à soutenir une attaque imprévue; pendant trois jours, il fallut se défendre contre les habitants réunis de deux cents villages de la vallée; la victoire resta finalement aux carabines Snider; mais vingt et un hommes manquèrent à l'appel. De 300 et quelques hommes que le voyageur avait emmenés avec lui, il ne lui en restait alors que 194.

La rivière de Livoumbou, que l'on suivit ensuite, après un cours de 170 milles, prend dans l'Ousoukouma le nom de rivière de Monangah. Après un autre parcours de 100 milles, elle devient la Chimiyou, nom sous lequel elle entre dans le lac Victoria à l'est du port de Kagehyi. On peut évaluer le cours total de la Chimiyou à une longueur de 560 kilomètres. L'Ousoukouma est un pays très-peuplé et riche en bétail; la descente au lac se fait par une pente très-douce à travers une série de plaines ondulées. Le pays riverain du lac en cet endroit s'appelle Outchambi.

M. Stanley détermina la position astronomique du port Kagehyi, qui fut trouvée être : 2° 31' de latitude Sud et 30° 53' de longitude Est de Paris. En même temps, on travaillait activement au montage du bateau *Lady Alice*, dont on avait heureusement réussi à porter jusque-là tous les morceaux. L'exploration du pourtour du lac demanda près de deux mois de travail.

Constatons, en passant, que M. Stanley, par des observations minutieuses, établit que le niveau du Victoria-Nyanza est de 1,100 mètres environ au-dessus du niveau de la mer, tandis que Speke ne donne que 1,008 mètres.

La troisième lettre de Stanley, écrite un peu plus d'un mois après la précédente, donne les résultats d'un premier voyage de circumnavigation autour du lac.

Sur la rive orientale de la Chimiyou est situé le Maganza, pays montueux et peu peuplé, puis le Manasou où abondent les éléphants. Il s'étend jusqu'à l'Est du golfe de Speke. A partir de là, le pays change d'aspect, et l'on se trouve dans une contrée plate et marécageuse qui s'appelle Ouiregedi. Les habitants y sont hargneux, égoïstes et pillards. L'Ouiregedi est arrosé par la Rouana, rivière considérable sans être aussi importante que la Chimiyou. Vis-à-vis des collines du Manasou et du Maganza, on voit les montagnes et les plaines nues et stériles de Chahchi, d'Ouambara et d'Ourouri. A l'ouest de l'Ouriri, s'avance dans le golfe la grande île d'Oukérevé, fertile et verdoyante, riche en bétail et en ivoire. Les Ouakérevé sont un peuple entreprenant, et leur roi, Loukongeh, est un·homme aimable. Leur activité commerciale les fait respecter sur toutes les rives du lac.

Après Oukérevé, on rencontre l'île d'Oukara, puis on passe devant Chizou et Kiverou. On voit alors la montagne de Magita, haute de 900 mètres, que Speke prit pour une île. Partout à l'Est, on n'aperçoit que des plaines qui paraissent s'étendre fort loin.

Parmi les rivières que M. Stanley cite comme se jetant dans le Victoria-Nyanza, dans ces parages, nous ne pouvons nous empêcher de remarquer le nom de l'Ougovch ; sa similitude avec celui de l'Ogové ou Ogovaï, qui se jette dans l'Océan Atlantique près du Gabon, est de nature à surprendre. Une telle ressemblance de noms, à une si grande distance, indique-t-il donc, comme le pense M. Henri Duveyrier, que les peuples habitant cette zône de l'Afrique, d'une mer à l'autre, appartiennent à une seule et même race? C'est là une question très-grave que pourra résoudre l'étude comparative des langues, des traditions, des croyances religieuses, etc.

Mais avant d'arriver à cette rivière, dont le nom nous a fait commettre la faute d'anticiper sur les événements, on longe le pays d'Ougeyeya sur lequel se dressent de grandes montagnes dont les vallées solitaires inspirent aux navigateurs indigènes une crainte superstitieuse à cause du silence de mort qui y règne constamment. A cette hauteur sont de nombreuses îles dont la plus considérable de beaucoup est l'île d'Ougingo, tandis que la plus curieuse est celle que l'explorateur américain nomme île du Pont ; voici pourquoi :

« Le lendemain matin, raconte M. Stanley, nous abordons dans un îlot dont le nom indigène est Kihoua ; mais je lui ai donné celui de l'île du Pont, à cause du phénomène naturel qui le distingue. En cherchant un chemin pour monter dans l'île prendre le méridien, j'y découvris un pont naturel de basalte, d'environ 20 pieds de haut sur 12 de large, sous lequel on peut se reposer commodément, et, d'un côté, voir les vagues se briser avec fureur contre les rochers qui forment les fondements de l'arche, et, de l'autre côté, sa barque à l'abri de la terre, reposer sur une surface calme et tranquille, protégée par les branches des mangliers contre l'ardeur du Soleil de l'Équateur. »

Ici se place une des plus importantes constatations de Stanley. Ceux de nos lecteurs qui ont suivi avec intérêt les premières relations de voyages dans le centre de l'Afrique, peuvent se rappeler que plusieurs explorateurs, notamment Livingstone et Speke, sur la foi d'indigènes peu instruits de la géographie de leur propre pays, avaient affirmé que dans l'est du Victoria-Nyanza se trouvaient d'autres lacs. On avait même baptisé l'un d'eux, le plus rapproché, du nom de Baringo et on en faisait sortir un cours d'eau important se dirigeant vers le Nord. Speke admettait que ce lac Barnigo communiquait par un chenal plus ou moins large avec le Victoria-Nyanza. M. Stanley constate que le lac Baringo n'a jamais existé que dans l'imagination de quelques grossiers sauvages : Baringo est le nom d'un pays et non celui d'une nappe d'eau quelconque. Dans le nord-est du Victoria-Nyanza, il n'y a qu'une vaste baie, en partie fermée par la grande île d'Ousongourou.

A partir de ce coin Nord-Est du grand lac, l'expédition se dirigea vers l'Ouest en longeant la côte Nord ; bientôt elle rencontra les chutes du Ripon, déjà décrites par Speke, où le Nil-Somerset s'échappe du Victoria-Nyanza pour commencer sa course vers l'Albert-Nyanza. Arrivé au petit port d'Oukafou, M. Stanley envoya des émissaires au roi M'tesa, souverain de ce pays. Un grand nombre de canots lui furent alors expédiés pour le conduire à l'anse de Murchison, où il trouva un accueil, non-seulement hospitalier, mais tout à fait enthousiaste. Le voyageur américain ne tarit pas d'éloges sur le compte de M'tesa. C'est un très-bel homme de trente-quatre ans environ, dont la physionomie agréable respire l'intelligence et la douceur; ses manières sont celles d'un *gentleman*; il lui fait l'effet « d'un homme de couleur bien élevé, qui aurait fréquenté les cours d'Europe et acquis une certaine élégance, l'aisance des manières avec un grand fonds de connaissances. » On ne retrouve plus du tout, dans les descriptions de M. Stanley, le farouche potentat que Speke et même Chaillé-Long-bey ont connu faisant abattre des têtes pour fêter ses hôtes. Du reste, M'tesa était alors, depuis peu, converti au mahométisme, et notre voyageur se flatte d'avoir fortement ébranlé cette foi nouvelle en faisant éprouver un grand désir à son royal ami d'embrasser le christianisme et de le faire embrasser à tous ses sujets. M. Stanley insiste, en conséquence, pour qu'une mission sérieuse, à la fois religieuse et commerciale, vienne de Londres s'établir en ce pays pour y fonder définitivement et la religion chrétienne et des maisons de commerce européennes. Nous apprenons que cet appel a été entendu : une personne charitable et généreuse donne pour cette œuvre une somme de 125,000 francs, et très-incessamment la mission demandée par M'tesa lui sera expédiée.

Ces faits ont une grande importance : car ce souverain, amoureux du progrès, règne sur un pays très-étendu et jouit d'une influence prépondérante sur toutes les rives du lac. En attendant, M. Stanley fut comblé d'honneurs et de prévenances; le roi alla jusqu'à mettre toute sa flotte à sa disposition pour achever l'exploration du lac. Malheureusement, l'architecture navale n'est pas très-avancée dans le pays de Ganda. Les bâtiments sont nombreux et doués d'une marche rapide, mais leur solidité laisse à désirer. Leur longueur varie de dix à quinze mètres sur une largeur d'un mètre et demi. Ils sont formés de plusieurs pièces de troncs d'arbres, reliées entre elles par de l'osier ; les interstices sont calfatés avec des écorces d'arbres et de la boue. Cette construction vicieuse est cause que les Gandas n'ont pu encore se rendre maîtres de l'île Ouvouma, située cependant à très-faible distance. Aussitôt qu'une de leurs barques cherche à aborder l'île, un habitant plonge dans la mer, s'en approche, coupe l'osier qui joint les pièces de la membrure et la barque coule avec son équipage.

On se rappelle que, pendant son séjour à la cour hospitalière de M'tesa, M. Stanley eut la bonne fortune de voir arriver Linant de Bellefonds. Les deux blancs se lièrent d'une étroite amitié, et nous pensons que cette rencontre ne fut pas étrangère à la bonne impression que le voyageur américain garda de ce pays. Cependant, il fallut le quitter et mettre le cap vers le Sud pour revenir à Kagehyi, où était restée une partie du personnel de l'expédition. Là, une cruelle épreuve attendait l'intrépide explorateur : un de ses compagnons anglais était mort. C'est alors qu'il écrit ces tristes lignes, où l'on trouverait les accents d'un incurable désespoir, si l'on ne connaissait l'indomptable énergie de Stanley :

« Ainsi, deux de mes quatre hommes blancs sont morts. A qui le tour ? Je serais curieux de le savoir. La mort nous crie : A qui le tour ? Et peut-être nos amis demanderont tristement en s'apitoyant sur notre sort : A qui le tour ? Qu'importe à qui ce sera le tour ? Cela ne nous avancerait à rien d'essayer de fuir cette terre fatale ; car, entre elle et la mer, il y a 700 milles de pays aussi malsain qu'aucun autre pays de l'Afrique. La perspective est plus encourageante en avant, quoique, dans cette direction, il y ait encore 3,000 milles à parcourir. Nous avons toutefois devant nous des régions nouvelles, inconnues, dont les merveilles et les mystères seront comme autant de remèdes qui nous feront braver la fièvre et le trépas. »

La suite de l'épopée de M. Stanley prouve que ces funèbres pressentiments n'eurent pas longtemps prise sur cette âme fortement trempée. Cependant, ces dernières lignes ne furent pas sans influence sur l'inquiétude qui se répandit en Europe. Pendant un an on resta sans aucune nouvelle du voyageur américain. Gordon-Pacha exprimait, dans chacune de ses dépêches, son étonnement de ne pas entendre parler d'un explorateur aussi rapproché du théâtre de ses opérations. Une expédition fut sur le point de s'organiser pour aller à la recherche de Stanley, comme Stanley lui-même était allé à la recherche de Livingstone.

Mais voilà que le *Daily Telegrah* annonce avoir reçu un paquet de lettres aussi intéressantes que rassurantes. La première, datée du 29 juillet 1875 et écrite dans l'île Mahiyga, sur le lac Victoria, contient la relation du retour de M. Stanley à Kagehyi. Ses hommes ont failli être massacrés par les indigènes de Bambireh, et ce n'est qu'à force d'énergie et d'adresse, après avoir essuyé de violentes tempêtes, que notre voyageur a pu gagner le camp.

La seconde lettre est datée de Doumo, le 15 août 1875. Le courageux explorateur n'a pris que neuf jours de repos au camp de Kagehyi et s'est aussitôt dirigé vers l'Ouest, pour explorer le pays qui s'étend entre les lacs Victoria et Albert-Nyanza. Tout d'abord il s'est appliqué à déterminer les cours des rivières Katonga et Rousango, puis il a exploré la grande montagne de Gambaragara. Il parvint ainsi au fond d'un grand golfe du lac Albert-Nyanza qu'il nomma Golfe Béatrice, et qui est presque un lac formé par le promontoire d'Ousongora.

La rive orientale du golfe est formée par les pays d'I-rangara, d'Ounyampaka, de Bouboujou et de Mpororo. Entre Mpororo et Ousongora, on rencontre les îles de l'Etat maritime d'Outumbi. A l'ouest d'Ousangora s'étend le pays d'Oukonjou, sur la côte occidentale, qui paraît habitée par des populations cannibales. Au nord d'Oukonjou est le grand pays d'Oulegga. Si l'on passe sur la côte orientale, on entre dans le Rouanda, qui s'étend depuis Mpororo à l'Est jusqu'à Oukonjou à l'Ouest, occupant toute la côte sud et sud-est du lac. Au nord d'Ounyampaka, sur la côte Est, on trouve Irangara, puis Toro. Le royaume d'Ounyoro occupe toute la côte Est depuis les chutes de Murchison jusqu'à Mpororo : les pays d'Ounyampaka, Toro, Bouboujou et Irangara ne sont que des provinces de l'Ounyoro. Le grand promontoire d'Ousongora est tributaire du roi Kabba-Rega, quoique gouverné par Nyika, roi de Gambaraga ; c'est de là que tous les pays voisins tirent le sel. D'après les indigènes, cette terre est merveilleuse, mais elle est très inhospitalière.

On raconte, entre autres choses remarquables, que l'on y voit une montagne lançant du feu et des pierres, un lac salé d'une grande étendue, plusieurs collines de sel gemme, une grande plaine couverte d'une couche épaisse de sel et d'alcali, une race de gros chiens d'une férocité extraordinaire, et une population d'indigènes ayant des jambes si longues que les autres hommes ne peuvent les contempler sans terreur. Ceux-ci sont courageux et re-doutables aux étrangers ; il ne se nourrissent que de lait et ont de nombreux troupeaux de vaches. Ces animaux excitèrent l'envie du roi d'Ouganda ; il envoya vers ce pays une armée de 100,000 hommes qui réussit à enlever en-viron 20,000 têtes de bétail, mais perdit tant de monde qu'il est douteux qu'on soit tenté de renouveler pareille expédition.

Nous ne croyons pas avoir à insister longuement sur les résultats considérables de cette longue et périlleuse exploration de M. Stanley. D'après le savant professeur allemand, le docteur Behm, on doit admettre désormais que le problème des sources du Nil est parfaitement résolu; c'est la rivière Chimyiou qui doit être considérée comme la véritable tête du grand fleuve. On sait maintenant que, si le regretté Speke s'est trompé en indiquant un second lac, appelé Baringo, comme s'ouvrant sur le Victoria-Nyanza dans l'Est de ce dernier, d'autre part il doit être proclamé le véritable *découvreur* des sources du Nil; en outre, les récents voyages de Stanley et de Gessi, sur l'Albert-Nyanza, prouvent que ce dernier lac doit être ramené aux proportions modestes indiquées par Speke.

Expédition Cameron. — Il nous reste à décrire encore une grande exploration commencée dans le seul but d'aller au-devant de Livingstone et aboutissant à d'immenses résultats.

Le lieutenant Verney Lovett Cameron est né en 1844. Il servit dans la marine anglaise et se fit remarquer par ses travaux hydrographiques sur la côte orientale d'Afrique. C'est là que le prit la Société de Géographie de Londres pour lui confier la mission d'aller au secours de Livingstone, s'il en était temps encore. Les détails qui suivent sont empruntés au récit qu'il fit lui-même de son voyage, le 11 avril, dans la grande salle de Saint-James, devant la Société royale de Géographie (1).

Dans le principe, l'expédition se composait du lieutenant Cameron et du docteur Dillon, auxquels vinrent se joindre ensuite M. Murphy, officier de l'artillerie royale,

____

(1) *Explorateur*, 3ᵉ volume, page 449.

et M. Moffat, neveu de Livingstone. Les premiers pas de nos voyageurs furent contrariés, comme toujours, par les tracasseries des chefs indigènes et les attaques des voleurs ; ils atteignirent cependant l'Ounyanyembé, le 5 août 1874, où les Arabes les reçurent parfaitement et leur donnèrent la maison que M. Stanley avait précédemment occupée. C'est là qu'il apprirent la mort de Livingstone, d'un des compagnons de l'illustre docteur qui annonçait en même temps l'approche du convoi funèbre ramenant son corps vers la côte.

M. Murphy et le docteur Dillon, dont les santés étaient très-altérées, prirent alors le parti de revenir avec le triste cortége ; mais Dillon ne put arriver à la côte ; quant au jeune Moffat, il avait succombé avant d'atteindre l'Ounyanyembé.

Le lieutenant Cameron restait seul ; il ne perdit pas courage et marcha résolument jusqu'à Oujidji, d'où il envoya vers Zanzibar les livres et autres objets ayant appartenu à Livingstone. Il fit le tour du lac Tanganyika et en dressa une carte exacte, appuyée sur de bonnes observations astronomiques. Il reconnut que 96 rivières se jettent dans le lac, tandis qu'une seule en sort : le Loukouga. C'est là une très-importante découverte géographique. Le Loukouga coule vers l'Ouest avec un courant peu rapide et ne tarde pas à se jeter dans la Louvoua ou Loualaba de Livingstone.

Du lac Tanganyika, le lieutenant Cameron se dirigea vers Nyangoué, ville du pays d'Ouroua ; mais, pour y parvenir, il fallut traverser les longues plaines du Manyouéma, où l'herbe atteint douze pieds de hauteur et a des tiges plus grosses qu'un doigt, ce qui rend la marche très-pénible, ainsi que l'avait déjà signalé Livingstone. A Nyangoué, le voyageur anglais trouva des établissements arabes. Sur ce point, le courant de la rivière Loualaba

atteint une rapidité de trois à quatre nœuds ; sa largeur
est de 1,000 mètres environ et sa profondeur de 2 mètres
avec des passes profondes de 6 mètres remplies de crocodiles et d'hippopotames.

Le lieutenant Cameron, ayant alors entendu parler d'un
Arabe nommé Tipo-Tipo ou Hamed-ibn-Hamed, campé
sur la rivière Lomami, qui se jette dans le Loualaba un
peu au-dessous de Nyangoué, alla le trouver et entreprit
de visiter avec lui le grand lac Sankorra, dans lequel,
suivant les indigènes, le Loualaba va se jeter sous le nom
d'Ougarroua. Malheureusement, le chef indigène de la rive
gauche du Lomami refusa de les laisser passer ; mais on
leur dit qu'ils obtiendraient peut-être cette autorisation
de Kassanga, roi de l'Ouroua, et qu'en tous cas ils ren-
contreraient dans la résidence de ce souverain des marchands portugais.

La petite troupe, avec des guides fournis gracieusement par Tipo-Tipo, se dirigea péniblement vers le Sud à
travers les nombreux petits affluents du Lomami. Deux
fois elle fut attaquée par les indigènes : il fallut se servir
des armes à feu et tuer quelques-uns des assaillants pour
contraindre les autres à faire la paix.

En arrivant dans la ville de Kilema, capitale du
royaume d'Ouroua, le lieutenant Cameron y trouva un
arabe nommé Joumah-Merikani, dont il eut beaucoup à
se louer, et un marchand portugais, du nom d'Alviz,
venu de Bihé, colonie portugaise située près de la côte
occidentale. Ses rapports avec ce dernier, quoiqu'il eut la
prétention d'être Européen, furent loin d'être satisfai-
sants. Ce misérable n'était dans le pays que pour piller
des villages et en emmener les habitants comme esclaves,
en leur faisant subir les plus odieux traitements.

Le voyageur anglais ne put obtenir de Kassanga l'autorisation de visiter le lac Sankorra, où cependant on lui

disait que des marchands portant pantalons et chapeaux venaient avec des barques à voiles chercher de l'huile de palme et de la poudre qui doit être de l'or.

Obligé de renoncer à son premier projet, c'est-à-dire à reconnaître le cours inférieur du Loualaba, M. Cameron accepta l'offre d'Alviz de le conduire à la côte occidentale. Mais le perfide Portugais manquant à ses engagements, lui fit subir retard sur retard.

Notre explorateur utilisa de son mieux le temps qu'il lui fallait passer dans le royaume de Katanga pour en reconnaître et étudier le système hydrologique.

Une première excursion le mena au petit lac Mohria, qui n'a aucune importance géographique ; car il ne reçoit les eaux que d'un très-petit bassin, et il n'en sort aucune rivière ; mais il remarqua la régularité des petits villages construits sur ses eaux.

Dans une seconde excursion, il essaya d'atteindre les lacs de Kassali et de Kouamba que traverse le véritable Loualaba ; mais il ne put obtenir la permission de traverser le Lovoï, rivière qui se jette dans le premier de ces lacs, et il dut se contenter de voir de loin les eaux du Kassali.

En somme, le véritable Loualaba, courant Nord-Nord-Est, traverse successivement les lacs Lohemba, Kassali, Kouemba ; ce dernier, beaucoup plus petit que les deux précédents, reçoit le Loufira du Sud-Sud-Est. C'est entre le Loufira et le Loualaba que s'étend le pays de Katanga, renommé par ses mines de cuivre et d'or, et très-giboyeux. Avant de se jeter dans le Loualaba, le Loufira traverse deux petits lacs, le Kattara et le Kimouera. Au dessous du lac Kouamba, le Loualaba qu'on appelle aussi dès lors Kamorondo, traverse encore une série de petits lacs : Kahanda, Ahimbé, Bimbé et Ziouambo. C'est en sortant de ce dernier qu'il reçoit le Loualaba de Livingstone, plus proprement appelé Louvoua. Après cette jonction, le fleuve traverse le lac Landji (que Livingstone appelle Oulendjé); à sa sortie de ce lac, il coule vers l'Ouest en passant près de Nyangoué.

Enfin, le lieutenant Cameron parvint à quitter Kiléma avec Alviz, qui lui joua encore tous les mauvais tours possibles. Il traversa le Lovoï qui se jette dans le lac Kassali, puis plusieurs cours d'eau se jettant dans le Kassabi, grande rivière qui va, dit-on, verser ses eaux dans le Loualaba, au-dessous du lac Sankorra. Il franchit également le Zambèze près de ses sources, entre les pays de Lovalé et d'Oulounda.

Quant aux ressources de ces vastes régions de l'Afrique centrale, le lieutenant Cameron les énonce en termes enthousiastes :

« L'intérieur est, dit-il, magnifique, salubre et d'une richesse inexprimable. J'ai entre les mains un petit spécimen de bon charbon de terre; d'autres minéraux, tel que l'or, le cuivre, le fer, sont abondants, et je crois qu'avec des dépenses sages, libérales (mais sans prodigalité), on pourrait utiliser un des plus grands systèmes de navigation intérieure du monde. Trente à trente-six mois suffiraient à rembourser tous les capitalistes qui prendraient l'affaire en mains. Je m'en occupe très-activement et, à mon retour en Angleterre, mes travaux relatifs à ce projet seront très-avancés. Je pourrais entreprendre un autre expédition avec beaucoup plus de facilités et moins de frais que la première. Les muscades, le café, les palmiers, le riz, le blé, le coton, sont au nombre des productions du sud de l'Afrique. Le caoutchouc, le copal, le sucre de canne sont des productions végétales dont on peut tirer parti. Un canal de 20 à 30 milles, à travers un pays à niveau plat, relierait les deux grand systèmes du Congo et du Zambèze; une communicatio est même établie entre les deux fleuves pendant la saison des pluies (en novembre). Une grande compagnie au capital de un à deux millions de livres sterling pourrait ouvrir l'Afrique en trois années. »

L'exploration du lieutenant Cameron sur le lac Tanganyika lui a permis d'en dresser une carte exacte. Il a reconnu que le lac Liamba ou Louemba, que Livingstone indiquait comme relié au Tanganyika par un canal, n'est, en réalité, que l'extrémité sud de cette mer intérieure. A peu de distance du lac, il y a des gisements carbonifères et des minerais d'or, d'argent, de fer, de cuivre.

On rencontre dans les arbres un grand nombre de huttes bâties avec beaucoup de soin et habitées par des gorilles. Ces animaux allument du feu à quelques mètres de l'arbre qu'ils ont choisi, afin d'en éloigner leurs ennemis.

La capitale Kilema, du roi Kassanga, où l'explorateur passa plusieurs semaines, est habitée par trois mille femmes environ ; pas un homme n'a le droit d'y entrer ; les enfants mâles en sont éloignés quelques jours après leur naissance. On rencontre dans ce pays quelques tribus naines qui paraissent se rapprocher de la race des Akkas. Généralement, les indigènes sont paisibles et adonnés au fétichisme ; les sacrifices humains sont fréquents. Le lieutenant Cameron n'eut pas trop à souffrir des naturels ; presque partout, on l'a pris pour un revenant. Sur les bords des lacs, on craignait qu'il ne jetât un sort sur les pêcheries ; sur les plateaux, qu'il ne fît tarir les sources.

En somme, le voyageur anglais a parcouru, en deux ans et demi, 3,000 milles, a mesuré l'altitude du lac Tanganyika, qu'il a trouvé de 2,753 pieds au-dessus du niveau de la mer, a déterminé astronomiquement 85 positions et a pris 705 observations. Il a, en outre, composé un vocabulaire du langage de l'intérieur de l'Afrique comprenant 1,400 mots.

Nous avons vu plus haut que le lieutenant Cameron est véritablement enthousiasmé des richesses que, selon lui, recèle cette partie de l'Afrique centrale. Avec ce patriotisme ardent et exclusif qui distingue les voyageurs anglais, et dont nous sommes généralement trop dépourvus, l'audacieux officier songea de suite au parti que ses compatriotes pourraient tirer de l'exploitation de ces ressources. Immédiatement, il entrevit la possibilité de fonder une puissante société, à peu près sur le modèle de la célèbre Compagnie des Indes, qui se chargerait de l'exploitation de ces belles régions, y creuserait des canaux, y construirait même un chemin de fer allant de Tanganyika au Congo. Et que l'on ne croie pas que c'est là un projet en l'air, un beau rêve conçu en une heure d'enthousiasme et bientôt dissipé par la froide réflexion. Le lieutenant Cameron est si profondément convaincu de la praticabilité de ces hardis projets, qu'il se prépare à retourner sur le théâtre de ses derniers exploits pour y étudier à fond les moyens de les réaliser.

Tous les journaux du continent ont parlé de la réception enthousiaste qui lui a été faite et des honneurs presque royaux qui lui ont été rendus à son arrivée en Angleterre. C'est plaisir de voir comment ce noble pays sait récompenser ceux de ses serviteurs qui risquent leur vie et ruinent leur santé pour sa grandeur et sa prospérité; aussi les voit-on aussitôt brûler de retourner se sacrifier encore et de consacrer jusqu'à leur dernier souffle pour l'achèvement complet de leur glorieuse tâche. C'est ainsi que nous avons entendu le lieutenant Cameron, au milieu même des ovations qu'on lui prodiguait, exposer le plan de sa prochaine campagne.

Cette fois, il remontera le Congo, depuis son embou

chure, avec une escorte d'indigènes de Zanzibar, qui, de la sorte, feront route vers leur pays ; il n'aura pas à redouter ainsi les révoltes et les désertions de ses hommes. Le consul Hopkins, qui s'est déjà fait connaître par des voyages sur les côtes orientales d'Afrique, fera, dit-on, partie de l'expédition. Il y a lieu d'espérer que, cette fois, le lieutenant Cameron pourra établir définitivement l'identité du Congo avec cette rivière Loualaba, dont il a constaté la communication avec le lac Tanganyika ; cette question est d'une haute importance géographique, et l'on ne peut méconnaître qu'elle n'est pas résolue d'une manière suffisante par le précédent voyage. Si cette seconde exploration donne les résultats que l'on est en droit d'en attendre, on pourra, sans hésitation, inscrire le nom de Cameron à côté de celui de Livingstone.

Mission Livingstonia. — Le nom de Livingstone est réellement un talisman merveilleux pour faire sortir de terre les explorateurs de l'Afrique centrale. Autour de son œuvre immortelle viennent se grouper une foule d'entreprises vraiment dignes de son patronage. Nous venons de voir comment deux intrépides voyageurs, entraînés sur les pas du célèbre docteur, se sont, à leur tour, couverts de gloire en abordant avec succès les problèmes les plus ardus de la géographie aventureuse. Livingstone n'était pas seulement un explorateur savant et infatigable, il était aussi un missionnaire ardent et convaincu, un homme selon le cœur de Dieu. Il était donc naturel qu'il inspirât de son souffle non-seulement des adeptes de la science, mais encore des apôtres de la foi. C'est ce qui est arrivé en effet.

Une société de missionnaires écossais, comme Livingstone, s'est constituée pour aller prêcher l'Évangile sur les rds du lac Nyassa, jadis exploré par le regretté doc teur, et pour y fonder une petite colonie religieuse. Un comité s'est formé, en Angleterre, pour subventionner cette pieuse entreprise, et la direction en fut confiée à M. Young, ancien officier de marine animé du zèle le plus ardent. La mission emporta avec elle un bateau à vapeur démonté et deux petites embarcations.

Le 17 août 1875, M. Young écrivait de Mazaco, sur le fleuve Zambèze, que l'expédition était arrivée jusqu'à ce point en parfaite santé, et y avait été très-bien accueillie par les autorités portugaises comme par les indigènes.

Le 18 septembre, la mission avait atteint Chibisa, sur le Chiré supérieur, et avait pu transporter, non sans peine, jusqu'à ce point les morceaux du steamer *Ilala;* heureusement les indigènes makololos, parmi lesquels Livingstone a longtemps séjourné, avaient accueilli les voyageurs anglais avec enthousiasme et les avaient puissamment aidés à surmonter tous les obstacles. Il ne fallut pas moins de huit cents hommes pour porter tout le matériel au-dessus des cataractes de Murchison. On ne perdit pas de temps pour construire le bateau à vapeur, et il put être lancé le 6 octobre 1875. Le 8, il appareilla pour le lac Nyassa, où il fit son entrée le 12 ; il navigue parfaitement sous voiles et peut filer 7 nœuds avec sa machine ; c'est, du reste, un bâtiment parfaitement approprié à son service et un plus petit ne pourrait résister aux tempêtes violentes du lac.

Le chef indigène, Mponda, qui a toute autorité sur la plupart des tribus riveraines, accueillit parfaitement les voyageurs et se montra très-disposé à leur céder le territoire qu'ils choisiraient pour y fonder un établissement. M. Young jeta son dévolu sur une belle baie abritée par le cap Mac-Clear. Il y laissa le docteur Laws avec plusieurs hommes, et entreprit un voyage d'exploration sur le lac. Les Arabes, qui viennent dans ces parages chercher des esclaves, se montrèrent très-effrayés lorsqu'ils virent un bateau à vapeur s'avancer sur ces eaux où, jusqu'alors, ils avaient dominé en maîtres. Seuls, cinq bâtiments faisant la traite circulaient sur le lac et transportaient annuellement vingt mille esclaves; l'apparition de l'*Ilala* suffit pour arrêter complétement ce trafic.

Le lac Nyassa se prolonge au Nord jusqu'à 9° 20' de latitude Sud et n'a pas moins de 800 milles d'étendue de côtes. Presque partout on trouve plus de 100 brasses de fond. A l'extrémité nord-est il y a une chaîne de montagnes qui s'étend pendant 100 milles le long du lac, avec des flancs abrupts et mesurant de 10 à 12,000 pieds d'altitude. On trouve beaucoup d'îles et de rivières, mais très-peu de ces cours d'eau sont navigables à une grande distance de leurs embouchures. Ces contrées délicieuses sont dépeuplées par le commerce des esclaves, et l'on rencontre, à certains endroits, des centaines de squelettes de malheureuses victimes de la chasse à l'homme. Beaucoup d'indigènes, pour échapper à leurs tyrans, se réfugient dans des maisons construites sur pilotis au milieu du lac; d'autres mènent une existence misérable sur des rochers arides et inaccessibles. Suivant M. Young, il suffirait d'une douzaine d'Anglais bien résolus, avec un petit bâtiment semblable à l'*Ilala*, pour réformer cet état de choses.

Dans sa dernière lettre, le chef de la mission Livingstonia annonce qu'il va faire une nouvelle campagne d'exploration sur le lac et qu'il rentrera ensuite en Angleterre. On peut dire qu'il a bien mérité de l'humanité et de sa patrie.

CHAPITRE IV

En remontant au nord du Congo, où nous sommes arrivés tout à l'heure avec le lieutenant Cameron, on passe devant une petite colonie française, le Gabon, qui n'a pu encore acquérir une bien grande prospérité, quoique plusieurs maisons de commerce, surtout anglaises et allemandes, y aient établi des comptoirs. Ce petit coin de terre a cependant une certaine importance géographique, parce qu'il est situé très-près de l'embouchure d'un des plus grands fleuves d'Afrique, l'Ogôoué ou Ogovaï, dont le cours supérieur est encore enveloppé de mystères. Plus d'une fois d'audacieux explorateurs ont essayé de le remonter : on se rappelle les efforts de Du Chaillu et du lieutenant de vaisseau Aymés, de la marine française ; plus récemment, MM. de Compiègne et Marche ont réussi à s'avancer plus loin que ne l'avait fait avant eux aucun voyageur européén. Enfin, en ce moment même, M. Savorgnan de Brazza, jeune enseigne de vaisseau de la marine française, Romain d'origine, lutte, en compagnie de M. Marche, contre les obstacles de toutes sortes que l'on rencontre sur cette route périlleuse.

On remarquera que, sur ce terrain, nos compatriotes sont sans rivaux et que l'Ogôoué peut être, à juste titre, considéré comme un fleuve français.

Exploration de Compiègne et Marche. — Fidèles à notre programme, de ne pas remonter jusqu'à des expéditions trop anciennes, nous prendrons comme point de départ l'exploration de MM. de Compiègne et Marche.

Les deux voyageurs français se bornèrent, en 1873, à faire quelques excursions préparatoires en compagnie de M. Walker, négociant anglais établi au Gabon, et ils recueillirent d'importantes collections d'histoire naturelle. C'est ainsi qu'ils visitèrent les chutes de Samba, dans le N'goumié, déjà signalées par leur prédécesseur Du Chaillu ; puis, remontant le fleuve, ils parvinrent jusqu'à Bonali, capitale des Ivcias, et plantèrent le drapeau français sur un sol que n'avait encore foulé aucun pied européen.

L'année suivante, ils se lancèrent courageusement sur la grande route de l'Ogovaï, traversèrent le pays des Okota, qui firent de leur mieux pour les empêcher de passer, remontèrent des rapides fort dangereux et pénétrèrent dans le pays des Apingis, peuple doux et industrieux, constamment pillé et harcelé par ses féroces voisins les Osyéba. Malheureusement cette redoutable tribu occupait les deux rives du fleuve, en amont des Apingis, et les aventures de nos deux voyageurs ne tardèrent pas à tourner au tragique. Dès leur entrée dans le territoire des Osyéba, ils y furent reçus à coups de fusil, et ce n'est qu'à force de prières et de menaces qu'ils purent décider leurs bateliers à remonter jusqu'à 4 milles plus haut. A ce point, le cours de l'Ogovaï s'infléchissait vers le Sud, et l'expédition n'était plus, au dire des indigènes, qu'à quatre journées des grands lacs dont sort le fleuve. Tandis que la petite troupe faisait halte au confluent d'une rivière appelée Ivindo, elle fut assaillie par une nuée d'Osyéba armés de fusils. Rien ne put empêcher les chefs de l'escorte et les bateliers de prendre la fuite, et ce fut bientôt une déplorable déroute ; trois pirogues se perdirent en redescendant les rapides que l'on avait eu tant de peine à remonter, et ce n'est qu'après une succession inouïe de fatigues, de privations, de dangers de toutes sortes, que MM. de Compiègne et Marche purent atteindre notre établissement du Gabon, d'où ils furent rapatriés en France dès que leur santé leur permit d'entreprendre ce voyage.

Les observations ethnographiques de M. le marquis de Compiègne (1) sont fort importantes. Il démontre d'une manière très-plausible l'identité, comme race, des Fans ou Pahouins et des Osyéba, avec les Niams-Niams et les Monbouttous de Schweinfurth.

« Il y a évidemment, dit-il, au centre même de l'Afrique, un peu au nord de l'équateur, un immense foyer de populations cannibales qui rayonne à la fois sur l'occident et sur l'orient de l'Afrique ; à l'occident, il envoie les Pahouins et les Osyéba ; à l'orient, les Monbouttous et les Niams-Niams. M. le docteur Schweinfurth évalue la seule famille des Monbouttous à 1 million d'âmes ; M. l'amiral de Langle estimait à 60,000 le nombre des Pahouins qui, il y a sept ans, entouraient nos établissements ; aujourd'hui, ce nombre doit être triplé. Quant aux Osyéba, à notre connaissance seulement, ils s'étendent, avec une extrême densité, sur une longueur de plus de 100 lieues. Il est naturellement impossible de dire exactement les causes qui ont poussé cette grande famille à se démembrer ainsi ; mais il est plus que probable que la densité toujours croissante de la population, la des-

---

(1) *L'Afrique équatoriale*, Gabonais, Pahouins, Gallois-et-Okanda, Bangouens, Osyeba, par le marquis de Compiègne. — Paris, Plon et Cᵉ, 1875.

truction du gibier et le désir de se rapprocher des établissements commerciaux sont les principales raisons de leurs émigrations à l'occident comme à l'orient. »

Les preuves de l'identité des deux races sont, en effet, très-nombreuses.

De même que les Niams-Niams, les Fans du Gabon sont anthropophages et trafiquent de leurs morts pour en faire leur pâture. Ces deux peuples sont également passionnés pour les perles en verre bleu. Les Osyéba portent sur eux, comme ornements, des cauries, petits coquillages qui servent à la fois d'ornements et de monnaie dans l'Afrique orientale, notamment chez les Niams-Niams, tandis que ces coquillages ne s'importent jamais dans l'Afrique occidentale. Le docteur Schweinfurth décrit des couteaux de forme très-compliquée fabriqués par les Niams-Niams, et que l'on nomme chez eux *troumbaches;* ils sont presque pareils à ceux que M. de Compiègne trouva chez les Pahouins et les Osyéba. Enfin les chiens que les Niams-Niams emploient pour la chasse se retrouvent également dans les tribus errantes de l'Afrique occidentale. A ces curieux rapprochements nous en ajouterons un autre, que nous avons constaté nous-même dans notre voyage au Soudan et qui n'est pas moins concluant.

Pendant que nous étions à Khartoum, on amena au gouverneur du Soudan égyptien quatre musiciens ambulants qu'un chasseur d'esclaves avait trouvés chez les Niams-Niams, où ils exerçaient leur industrie errante. Ces hommes ne comprenaient ni la langue des Niams-Niams, ni, bien entendu, l'arabe; en sorte qu'il était très-difficile de leur faire expliquer d'où ils venaient; mais ce pouvaient être des Monbouttous, peuple dont, à cette époque, on n'avait pas encore parlé. Chacun de ces quatre hommes portait avec lui un instrument de musique diffé-

rent. L'un avait une sorte de flûte formée d'un morceau de
bambou percé de quatre trous ; un autre avait une grosse
cloche en fer façonnée en forme de calice, sur laquelle il
frappait avec une baguette terminée par une boule en gutta-
percha, et cette cloche était tout à fait pareille à celle que
l'on trouve chez les peuplades du Gabon ; le troisième
avait deux petites cloches de même forme que la grosse,
mais d'un timbre plus aigu ; enfin le quatrième portait
un instrument beaucoup plus compliqué et qui mérite
d'être décrit. Ce n'était autre chose qu'une sorte d'har-
monica, dont le clavier était formé de lattes de bambou
reliées par leur milieu ; sur l'une des extrémités, le musi-
cien frappait avec une baguette à boule de gutta-percha,
faisant ainsi vibrer l'autre extrémité au-dessus de l'ou-
verture de demi-calebasses, de dimensions variées et rendant des sons différents. L'ensemble de l'instrument se
suspendait au cou de l'artiste au moyen d'un demi-cer-
ceau de bambou. On voit par cette description qu'il y a
là, pour des sauvages, un véritable déploiement d'ingé-
niosité qui fait honneur à l'inventeur. Eh bien ! cet instrument est absolument semblable, jusque dans ses
moindres détails, à celui que Du Chaillu décrit dans son
ouvrage et qu'il a vu chez les Fans ou Pahouins du
Gabon.

Expédition Savorgnan de Brazza. —M. de Brazza partit de Bordeaux au mois d'août 1875, accompagné de
M. Marche qui désirait reprendre à nouveau l'entreprise
si malheureusement écourtée que nous venons de décrire, de M. Ballay, médecin de la marine et d'un
quartier-maître également de la marine, homme d'une
énergie et d'un dévouement à toute épreuve. Le 29 août
l'expédition arrivait à Dakar et le 4 septembre à Saint-
Louis, où elle engagea douze laptots ou soldats musul-

mans, qui jurèrent sur le Coran et en présence du magistrat indigène d'accompagner M. de Brazza partout où il irait, de le défendre et de lui obéir fidèlement. Le 8 octobre, on quitta le Sénégal et l'on arriva au Gabon le 12 décembre.

Les préparatifs de départ sur la côte furent des plus difficiles. A Lambarène, où le vapeur *Marabout* avait débarqué les membres de l'expédition, M. de Brazza dut entrependre de longues négociations avec les Gallois, les Inengas, les Bakalais, tribus du bas Ogòoué, pour engager les pagayeurs qui lui étaient nécessaires. Enfin, il parvint à acheter huit grandes pirogues et à louer cent vingt hommes auxquels il fallut faire de larges distributions d'eau-de-vie pour les décider à partir. On parvint à Samquita, chez les Bakalais, sans trop de peine; mais là les interminables discussions avec les indigènes recommencèrent et il fallut déployer une grande énergie pour en sortir.

De plus, le docteur Ballay dut rester en arrière fort souffrant et avec peu d'espoir de pouvoir continuer le voyage.

Ce fut le 18 janvier 1876 que M. de Brazza quitta Samquita; le 22, il rejoignit à Sangalati, chez les Okota, M. Marche qui avait pris les devants pour engager de nouveaux pagayeurs. Mais au lieu de procurer des hommes à M. Marche, les Okota s'étaient appliqués à faire déserter les Bakalais qui suivaient l'expédition, en sorte que nos voyageurs se virent menacés d'être abandonnés de tout le monde. M. de Brazza se décida à marcher néanmoins vers le haut du fleuve dans l'espoir d'y trouver des indigènes mieux disposés; malheureusement la fièvre le prit et paralysa ses mouvements.

Cependant, le 24, M. Marche le rejoignit avec des Okota de Sangalati. Ici nous rencontrons dans la lettre de

M. de Brazza à la Société de Géographie, un trait de
mœurs assez caractéristique pour mériter d'être cité :

« Le 26, avec onze pirogues, je repartis en remontant
les rapides; mais avant le départ, j'avais dû sévir contre
Conga, chef gallois, qui montait une de mes pirogues.
Profitant de l'influence que lui donnait ma présence, il
avait réglé à sa manière un ancien palabre qu'il avait
eu avec les Okota en enlevant de force la femme, cause du
palabre. Le village Okota, auquel cette femme avait été
enlevée, avait promis de tirer sur la pirogue de Conga
quand elle passerait. Cette menace ne m'effrayait pas, car
je commence à connaître assez les peuples qui habitent
cette contrée pour savoir qu'elle ne devait pas être mise
à exécution. Mais, ne voulant à aucun prix que la force
dont je dispose servît à protéger un chef contre un autre,
et ne voulant pas me faire des ennemis sur la route par
laquelle je puis avoir des relations avec l'Europe, j'ai
donné ordre à Conga de laisser la femme qu'il avait prise
et de régler son palabre quand il redescendrait la rivière.
Conga ne voulant point se conformer à cette décision et
ayant tiré son couteau en marchant sur le laptot auquel
j'avais dit d'aller chercher la femme, je lui fis attacher les
mains et prendre son couteau. Quant à la femme, elle fut
laissée libre d'aller où elle voudrait. Depuis cette époque,
la pirogue de Conga m'a donné beaucoup moins de tracas
que les autres. »

Le 27 janvier, l'expédition arriva chez les Apingis et
le 2 février au pied de rapides fort dangereux. Le passage
de ces rapides fut désastreux; sept pirogues chavirèrent :
plusieurs instruments furent perdus ou avariés; un bal-
lot de tabac et la plus grande partie des étoffes achetées
au départ de Lambaréne furent pillés par les Apingis
accourus pour profiter de ce désastre.

Enfin, le 10 février au soir, on arriva à Lopé, dans

l'Okanda. Là, M. de Brazza résolut de faire un séjour, tant pour établir un lieu de ravitaillement en cas d'accident que pour envoyer chercher le docteur Ballay, ainsi que des marchandises destinées à remplacer celles que l'on avait perdues dans les rapides. Le docteur put très-heureusement rejoindre l'expédition à Lopé avec les marchandises si désirées; mais M. de Brazza crut devoir le renvoyer au Gabon, ainsi que quatre laptots malades, avec ordre de les remplacer et de revenir vers la fin de juillet, époque à laquelle les voyageurs se remettront en route pour pénétrer dans le pays des Osyeba.

Le jeune chef de l'expédition compte sur le concours de tous les Okanda pour l'aider à forcer le passage à travers cette population guerrière; toutefois, préférant éviter une bataille, il cherche à entrer en relations avec un chef de cette tribu nommé Maniaka, qu'il a décidé à venir en personne à Lopé avec 35 de ses hommes. Il compte profiter de cet escorte pour faire une excursion au milieu de ce peuple cannibale et même chez le chef qui a dirigé l'attaque contre MM. de Compiègne et Marche. Il croit n'avoir rien à craindre d'eux parce qu'il s'avancera sur leur territoire sans marchandises. Il n'est pas inutile de rappeler ici que ces Osyéba ne sont qu'une tribu de la grande nation des Fans ou Pahouins qui se sont avancés dans ces derniers temps jusqu'auprès du Gabon, et qui viennent, paraît-il, de fort loin dans l'intérieur de l'Afrique. Le moment est solennel pour l'expédition; car c'est de leurs premiers pas sur le territoire des Osyeba que dépend peut-être l'issue de leur campagne. Ils sont très-près de la rivière Ofoué, un grand affluent de l'Ogôoué, et s'ils parviennent à s'établir sur ce point, il y a de fortes présomptions en faveur du succès final.

Mais les débuts ont été pénibles, les pertes déjà essuyées sont considérables; nous avons à regretter surtout une carte détaillée du bas Ogôoué que M. de Brazza avait dressée avec le soin le plus minutieux et au prix de sa santé. Il faut bien dire aussi que les santés sont fort ébranlées : le docteur Balley a dû déjà être laissé plusieurs fois en arrière, le quartier-maître Hamon n'est guère mieux portant, six laptots ont été renvoyés au Gabon, enfin, M. de Brazza lui-même a déjà subi plusieurs attaques de fièvres et ses forces sont considérablement diminuées; seul, M. Marche a jusqu'à présent assez bien résisté. En somme, la situation est grave, mais, Dieu aidant, nous pouvons encore espérer le succès.

Expédition Allemande sur l'Ogôoué. — La Société de Géographie de Berlin a aussi envoyé un explorateur sur l'Ogôoué : le géologue Lenz, qui depuis plus de deux ans s'efforce de remonter ce fleuve, mais ne fait pas de rapides progrès; car en juillet 1875, il se trouvait encore à Lopé, dans l'Okanda. En septembre, il a pu atteindre le confluent de l'Ofoué; mais là il a été abandonné de tous ses jeunes gens qui redoutaient les Osyéba, désireux, assure-t-on, de venger la mort de leurs hommes tués par MM. Marche et de Compiègne. La dernière lettre de M. de Brazza nous apprend que M. Lenz, exténué par les maladies, a dû renoncer à pénétrer plus avant pour le moment, et s'est replié à moitié route entre Lopé et le confluent de l'Ofoué; son intention est d'attendre, pour en profiter, la marche en avant de l'expédition française qui va tenter le passage de gré ou de force à travers les tribus hostiles du haut Ogôoué.

Exploration Bonnat chez les Achantis. — En mai 1866 (1), le *Joseph-Léon* quittait le port de Bordeaux, à

---

(1) *Afrique équatoriale*, par le marquis de Compiègne. — *Explorateur*, janvier 1875.

destination de l'un des points les plus périlleux et les moins connus de la côte occidentale d'Afrique. Il emportait à son bord une expédition française, qui s'était donné la courageuse mission d'explorer les parages du Niger, cours d'eau d'une importance capitale, dont la découverte est due à nos héroïques compatriotes, les frères Landais. Le voyage du *Joseph-Léon* ne fut pas heureux; Il fit une traversée longue et pénible : ce n'est qu'au bout de six mois que nos pauvres compatriotes atteignirent la rivière de Bonny, une des embouchures du Niger. Ne trouvant pas à Bonny ce qu'il cherchait, M. Charles Girard, chef de l'expédition, fit voile vers le Nouveau-Calabar, qu'il essaya vainement de remonter avec son petit bâtiment. Dans une de ses explorations vers l'intérieur du pays, Charles Girard disparut; ses compagnons, après mille souffrances et des privations de toutes sortes, se décidèrent à rentrer en France dans les premiers jours de 1868. Cependant tous ne partirent pas : il y en eut un qui se montra supérieur à une si grande adversité; seul, avec des ressources restreintes, il résolut de poursuivre l'aventure et de vaincre les destins contraires. Il s'enfonça résolument dans l'intérieur des terres avec quelques marchandises qu'il portait sur lui et parvint à fonder un comptoir sur un sol que le pied d'un blanc n'avait pas encore foulé. Un instant il crut au succès : son petit établissement prospérait rapidement. Mais hélas! ces rêves de bonheur eurent un brusque réveil. Un jour, les Achantis envahirent le pays où il était établi, pillèrent son comptoir et l'emmenèrent prisonnier dans leur sauvage repaire. Sa captivité fut cruelle d'abord, mais peu à peu il sut en imposer à ses maîtres par sa grandeur d'âme et par des travaux ingénieux qui les frappèrent d'admiration. Comme Joseph chez les Pharaons, il devint l'ami et le conseiller du roi des Achantis et il put

user de son influence sur ce prince pour empêcher des
actes de barbarie et les hécatombes humaines trop fréquentes dans ces pays, barbares. L'expédition anglaise
lui rendit la liberté, mais au lieu de retourner immédiatement dans son pays comme il le pouvait dès lors, il
crut de son devoir d'offrir ses services à ses libérateurs.
Il sut alors conquérir l'estime des chefs qui menèrent à
bonne fin cette difficile et glorieuse campagne. Enfin, la
guerre terminée, il est rentré en France après huit années
d'absence, et quelles années! ne songeant qu'à une chose :
retourner dans le pays qui lui avait été si inhospitalier
pour y reprendre, avec une ténacité dont on trouve peu
d'exemples, son entreprise brutalement interrompue.

L'homme dont venons de retracer en quelques mots
l'émouvante histoire, à qui les Anglais, s'il était des
leurs, auraient prodigué les ovations et les récompenses
nationales, est M. Bonnat, dont le nom est à peine
connu de ceux d'entre nous qui s'occupent de géographie. Eh bien, cet intrépide voyageur n'a pu trouver en
France la petite somme ou la modeste pacotille dont il
avait besoin pour sa nouvelle expédition, et il a été obligé
de se faire commanditer par une maison anglaise !

De son premier voyage, M. Bonnat a naturellement
rapporté de nombreux documents sur ce peuple des
Achantis au milieu duquel il a vécu plus longtemps qu'il
n'eut voulu, et sur lequel l'expédition anglaise avait un
moment appelé l'attention de l'Europe.

D'après lui, les Achantis sont très-supérieurs aux
autres populations de la côte occidentale d'Afrique. « Ils
croient, dit-il, en un seul et unique Dieu qu'ils appellent
de divers noms correspondant tout à fait à nos appella-
tions chrétiennes. Ils savent que c'est lui qui a fait toutes
choses, qu'il est éternel et tout-puissant, seulement ils
pensent qu'il ne s'occupe de nous que par l'intermédiaire

d'esprits ou génies, et que parmi ces intermédiaires il y en a de bons et de mauvais. Ils croient à l'immortalité de l'âme. Seulement ils se figurent que, lorsqu'elle quitte ce monde, elle emporte avec elle le nom, le rang, le titre et les besoins du corps qu'elle laisse ici-bas, ce qui a donné lieu à ces horribles hécatombes de victimes humaines qui ont rendu les Achantis à jamais célèbres dans l'histoire. »

M. Bonnat conclut de ce qui précède que les Achantis ont pour origine des tribus chrétiennes qui, vers le milieu du xviiᵉ siècle, lors de la grande persécution de l'Église africaine par l'Islamisme, aimèrent mieux émigrer que d'apostasier. Pour nous, nous préférons croire que ces vestiges de la religion chrétienne proviennent tout simplement d'une ancienne mission catholique établie dans ces parages par les Portugais, et dont le souvenir même s'est effacé et n'a pu parvenir jusqu'à nous.

On se souvient que, vers la fin de 1872, le roi des Achantis ayant envahi des territoires placés sous le protectorat du gouvernement britannique, celui-ci résolut d'infliger une sévère leçon à ce peuple guerrier. Le général Wolseley dirigea les troupes relativement considérables qui envahirent le pays, et cependant ce ne fut qu'à force de persévérance et de prudence que les Anglais purent s'avancer jusqu'à Comassie, la capitale des Achantis, qu'ils réduisirent en cendres. Un traité fut alors conclu qui soumet tout le royaume au protectorat anglais, et nous verrons tout-à-l'heure que le gouvernement de la Reine ne peut se flatter d'en avoir complétement fini avec ces astucieuses et turbulentes populations.

M. Bonnat partit pour son second voyage, de Liverpool, le 27 mars 1875, et arriva devant Cape-Coast-Castle le 18 avril. Aussitôt, il fit ses préparatifs pour remonter le fleuve Volta qu'il voulait explorer et sur les rives duquel il comptait fonder des établissements commerciaux. Il parvint ainsi à Audomassi, capitale du pays des Crabos, le peuple le plus riche de ces régions, grâce à d'immenses forêts de palmiers parfaitement cultivées. Il fut bien reçu par le roi Sékété et put visiter la montagne de Crabo, située au milieu de la plaine, à huit milles de la capitale. Cette montagne est réputée sacrée; elle sert de refuge en cas de guerre, et c'est dans les grottes qui s'ouvrent dans ses flancs que les indigènes enterrent leurs morts. Du sommet, on embrasse un panorama très-étendu que traverse le cours sinueux du Volta; là sont amassés des blocs de granit toujours prêts à être précipités sur les ennemis assez audacieux pour tenter l'escalade.

A quelques milles plus haut, M. Bonnat franchit des rapides fort difficiles que l'on passe cependant, mais à grande peine, avec les pirogues du pays. Il n'y en a pas moins de cinq sur un parcours de 800 mètres. Au-dessus ds ces rapides, notre voyageur atteignit le village d'Akuamu, capitale d'un royaume jadis puissant, mais bien dégénéré. Il fut très-bien reçu par le roi et obtint la mise en liberté de six prisonniers Achantis qu'il se promit de ramener à Comassie. Il descendit ensuite le fleuve et retourna à Cape-Coast-Castle où il fit ses préparatifs pour gagner la capitale des Achantis, et, de là, Salaga, ville située sur le haut Volta.

Malheureusement, le pays était alors dans une situation politique très-compliquée, et notre compatriote allait se trouver englué dans des intrigues dont il ne pouvait facilement avoir la clef. Depuis la prise de Comassie, le nouveau roi des Achantis cherchait à relever son royaume en l'enrichissant par le commerce avec la côte et les pays voisins. Mais, pour cela, il fallait maintenir la paix dans tous les royaumes tributaires, et là était la difficulté, car plusieurs étaient désireux de mettre à profit la récente défaite des Achantis pour secouer leur joug. Au premier rang de ces indociles tributaires était le royaume de Djuabin, situé à l'est de Comassie ; il était soutenu dans ces projets hostiles par l'espoir, plus ou moins fondé, d'être aidé, en cas de révolte, par le gouvernement britannique. C'est à ce point qu'on en était lorsque M. Bonnat se rendit à Comassie pour demander au roi des Achantis l'autorisation de traverser le royaume tributaire de Djuabin en se rendant à Salaga. Ce prince accueillit d'autant mieux la demande de M. Bonnat qu'il voyait, dans le voyage de notre compatriote, un moyen de faire porter un message de paix à Assafoadjié, roi du Djuabin. Cette mission ne réussit pas, et M. Bonnat ne put rapporter à Comassie une réponse satisfaisante. En même temps, le bruit se répandit dans le pays que le gouvernement britannique désavouait le voyageur français et désirait qu'on ne le laissât pas pénétrer dans l'intérieur. Cette rumeur fâcheuse ne changea rien aux dispositions favorables du roi des Achantis et, le 5 août, M. Bonnat partit avec une escorte fournie par ce souverain. Le 15 août, il arrivait sans grande peine à Atébobo, capitale du royaume de Brame, à 36 milles de Salaga. Là, le roi le reçut avec un grand déploiement de pompe sauvage, mais le livra, malgré ses protestations, à une cinquantaine de soldats envoyés par le roi du Djuabin pour l'arrêter. Cependant le roi de Brame était, au fond, aussi hostile aux Djuabins qu'aux Achantis et désirait rester neutre dans leur querelle ; mais il redoutait le gouvernement colonial anglais, et tout avait été mis en œuvre pour lui persuader que cette arrestation était autorisée et même désirée par ce gouvernement. M. Bonnat fut donc remené à Djuabin sous bonne escorte et traduit devant une sorte de tribunal composé de tous les chefs principaux du pays. Après bien des hésitations, il fut décidé qu'il serait reconduit jusqu'à Cape-Coast-Castle et livré au gouverneur anglais. A peine avons-nous besoin d'ajouter que celui-ci le fit remettre en liberté ; mais il n'en avait pas moins manqué son expédition et, en même temps, un coup funeste était porté à l'influence morale des Européens dans l'intérieur du pays.

Cependant l'intrépide explorateur ne se découragea pas ; il résolut de gagner Salaga par la voie du fleuve et il se rendit aussitôt à Accra, près de l'embouchure. Il atteignit sans difficulté Akuamu et remonta jusqu'à Sokodé où se trouvait alors le roi Codjio-Adé, dont dépendent ces pays ; il conclut avec ce souverain un traité très-satisfaisant, lui garantissant liberté de navigation sur le Volta et liberté d'action dans toute l'étendue de ses possessions. M. Bonnat apprit alors que le roi des Achantis, irrité des procédés de son vassal, le roi de Djuabin, avait marché contre lui, l'avait complétement battu et chassé de sa capitale. Mais, en même temps, le roi des Achantis s'emparait de plusieurs sujets anglais et déclarait ne vouloir les remettre en liberté que lorsque le gouvernement colonial lui aurait livré le roi de Djuabin.

Le 7 septembre, M. Bonnat partit d'Akuamu avec M. Bonnermann, un associé anglais, à la tête de cinq pirogues montées par vingt-sept hommes. Il suivit le cours du Volta en faisant le commerce au moyen de chargements de sel, qu'il avait pris à la côte, et s'efforçant d'apaiser sur son passage les querelles, malheureusement trop fréquentes, qui animent les différentes tribus les unes contre les autres et produisent des haines mortelles. En même temps, il dressait une carte approximative du cours du Volta que l'*Explorateur* a publiée dans son numéro du 29 juin 1876.

A Craké, où jamais on n'avait encore vu d'Européen, nos voyageurs se montrent à la tête de leurs hommes

armés, les pavillons français et anglais flottant au vent.
Ils y trouvent plusieurs Djuabins, entre autres le chef
qui avait arrêté M. Bonnat chez le roi de Brame; ils
s'étaient réfugiés dans ce pays après leur défaite par les
Achantis; notre compatriote leur tend la main avec une
bonne humeur qui les désarçonne. Cependant les chefs
du royaume sont très-perplexes; ce déploiement de forces
militaires sous les pavillons de France et d'Angleterre
leur inspirent des inquiétudes sérieuses. Enfin, leur grand
féticheur se prononce en faveur de nos voyageurs, et la
permission de poursuivre leur route jusqu'à Salaga leur
est accordée. Le 24 janvier, la caravane se met en chemin et, le 30, elle arrive sans difficultés devant Salaga,
ou plus exactement Sahara, le plus grand marché de
cette partie de l'Afrique. M. Bonnat fut reçu par le roi
en très-grande cérémonie, et lui exposa son désir d'é-
tablir des relations commerciales entre ce pays et les
comptoirs européens de la côte. Le roi répondit qu'il ne
demandait pas mieux, mais que jusqu'alors les Achantis
l'avaient empêché d'avoir aucune relation avec les blancs.
Sur ces entrefaites, on vint annoncer au roi qu'un autre
européen arrivait à Saraha par la route de l'Achanty. Aussitôt, on se mit en route vers la ville, gracieusement assise
dans une large ondulation de la plaine. Des milliers de huttes formaient une ligne immense et compacte de plus d'un
kilomètre et demi. De grands arbres s'élevaient çà et là
au-dessus des habitations. Le marché offrait le coup d'œil
le plus pittoresque; à l'extrémité reposait sous un arbre
l'européen annoncé. C'était M. Goldsbury, gouverneur
anglais de la ville d'Accra, qui venait d'arriver après huit
jours de marche forcée cherchant à devancer M. Bonnat.
Il y avait en effet divergence entre les intérêts de notre
compatriote et les vues du gouvernement anglais. Celui-ci
voulait empêcher les Achantis de dominer dans ces ré-

gions et ouvrir une route de terre descendant depuis
Saraha jusqu'à la côte. M. Bonnat, au contraire, avait
reçu du roi des Achantis l'investiture du gouvernement
des pays riverains du Volta, et le monopole pour six
années du commerce et de la navigation par ce fleuve.
Nous ne savons pas au juste comment cette délicate affaire fut réglée.

On se rappelle que M. Bonnat avait fait remonter le
fleuve jusqu'à Craké par plusieurs pirogues chargées de
sel qu'il avait l'intention d'échanger à Saraha contre des
produits du pays. Mais il reconnut que le sel ne se ven-
dait pas sur ce marché aussi cher qu'il l'avait pensé.
Pour diminuer ses frais de transport, il résolut de s'assurer s'il ne pourrait pas le faire remonter par eau de
Craké à Yégiy, lieu situé près de Saraha. En conséquence,
il se mit en route par cette voie et, malgré de nombreux
rapides, il parvint en pirogue jusqu'à Craké. Il se mit
aussitôt à l'œuvre pour faire monter par la même route
une grande pirogue chargée de sel ; il réussit, mais non
sans peine, et ne put franchir la plus forte cataracte qu'en
faisant porter sa barque pendant plus d'un mille par
50 hommes. Il vendit assez bien sa marchandise et acheta
en échange des dents d'éléphant, de la cire et du beurre
végétal. Enfin, redescendant le Volta, il laissa un de ses
employés européens à Saraha, un autre à Yégiy, et fonda
des factoreries à Nkogan, Nkami, Coffi-Coffi.

En arrivant à la côte, M. Bonnat reçut une lettre de
son commanditaire de Liverpool, qui lui retirait le soin de
ses affaires et déclarait rompu son traité avec lui. Aussitôt
il résolut de rentrer en Angleterre pour régler cette fâcheuse affaire et retourner ensuite se consacrer au développement des établissements commerciaux qu'il a fondés
sur le Volta au prix de tant de fatigues, de privations et
de dangers. La France peut s'enorgueillir de cet infati-

gable pionnier du commerce qui n'a pas craint de pénétrer dans les contrées les plus reculées et les plus sauvages ; mais elle doit rougir de lui avoir refusé les fonds qu'il lui demandait pour son entreprise, et qu'il a dû chercher sur une terre étrangère et rivale.

Guerre des Anglais avec le roi de Dahomey. — Nous avons vu plus haut que le roi des Achantis avait réussi à soumettre son tributaire rebelle, le roi de Djuabin. Ce petit souverain, qui avait compté sur l'appui des Anglais, n'a eu d'autre ressource que de se réfugier sur le territoire de Cape-Coast-Castle. Le roi des Achantis a, dit-on, fait arrêter plusieurs sujets anglais, déclarant qu'il ne les remettrait en liberté que lorsque le gouvernement britannique lui aurait livré son ennemi ; il est donc à craindre que de nouvelles complications ne surviennent de ce côté. Du reste, ce ne sont pas les seules préoccupations du gouvernement britannique sur la côte de Guinée.

Nos lecteurs ont sans doute lu dans les journaux qu'un Européen ayant été victime de mauvais traitements à Whydah, port des États du roi de Dahomey, le gouvernement britannique a condamné ce souverain à une amende considérable. Le roi nègre ayant refusé de la payer, les Anglais se sont présentés en force devant Whydah, menaçant de bombarder cette ville ; on craint pour la vie des résidents européens, presque tous Français, que le gouverneur dahoméen de la ville refuse, dit-on, de laisser se réfugier à bord de l'*Hamelin*, aviso français, envoyé sur cette côte pour protéger nos nationaux. D'autre part, on annonce que les hostilités ont commencé entre les indigènes et les forces anglaises, et que les premiers coups de fusil ont été tirés sur les rives du Niger, ce qui nous éloigne un peu de Whydah.

Quoi qu'il en soit, nous pensons que nos lecteurs nous

sauront gré de leur donner quelques détails sur cet empire africain qui va peut-être devenir le théâtre d'une grande expédition militaire analogue à celle des Achantis.

Le Dahomey étendait autrefois sa domination des monts Kong, au nord, au golfe de Benin, au sud; et des rives du Niger, à l'est, au royaume des Achantis, à l'ouest, ce qui faisait une superficie de 36,000 milles carrés avec une population d'environ un million d'habitants. D'après les renseignements les plus récents, ce territoire se borne aujourd'hui à 3,600 milles avec une population de 150,000 à 180,000 habitants.

Une des particularités les plus curieuses du royaume de Dahomey, c'est l'organisation d'un corps d'amazones qui forme la meilleure partie de l'armée. C'est Gésa, ou Ghézo, père de Gébélé ou Gréré, le roi actuel, qui enrégimenta le premier les femmes de son palais, et il leur dut plusieurs fois la victoire. Gébélé, qui monta sur le trône en 1858, conserva ce corps d'armée original qui avait rendu de si grands services à son père; mais il n'en fut pas moins battu dans presque toutes les guerres qu'il entreprit contre ses voisins, et les amazones ont dès lors beaucoup perdu de leur prestige. On n'est pas d'accord sur le nombre de ces guerrières : les uns le portent à 8,000, tandis que d'autres ne l'estiment qu'à 4,000. Ce corps se divise en trois brigades portant la dénomination de garde royale, aile droite et aile gauche. La garde royale a la chevelure rasée à la turban, retenue par des filets étroits et ornée de crocodiles en drap de couleur. L'aile droite a la tête rasée et ne conserve qu'une ou deux boucles, tandis que l'aile gauche garde toute sa chevelure. Les amazones sont astreintes au célibat, à l'exception de celles que le roi juge dignes d'entrer dans son harem ou qu'il donne à ses capitaines en récompense de leur valeur. Elles portent une chemise en coton blanc sans manches, descendant jusqu'à mi-jambes et un pantalon qui va jusqu'aux mollets.

On assure que le roi de Dahomey se prépare actuellement à la guerre par des actes de cruauté et de superstition (1). Il a fait construire une grossière imitation de navire en bois avec des chaînes et une ancre, puis l'a fait dresser sur un autel en terre. C'est le grand fétiche à l'aide duquel Sa Majesté se flatte de faire échouer les navires anglais; on le supplie en outre de ne pas permettre que le roi soit pris par surprise, et, pour le rendre favorable, on lui prodigue les sacrifices humains. D'après un prisonnier échappé des griffes du terrible potentat, 800 hommes ont été amenés devant le roi. Le grand prêtre des fétiches leur donna à boire à tous, les uns après les autres, et selon l'attitude que chaque homme prenait après avoir bu, il était destiné à être vendu comme esclave ou à être mis à mort.

Le gouvernement anglais paraît décidé à étendre son protectorat sur tout le territoire soumis actuellement au féroce roi de Dahomey. Ce pays comprend, outre la capitale Abomey, les ports de Whydah, Cotonou et Porto-Novo; mais la ville la plus importante du pays est Abekouta, sur le fleuve Ogoun, directement au nord de Lagos. Cette ville, dont les murailles ont plus de 30 kilomètres, contient près de 100,000 habitants; elle a été fondée par des noirs de diverses peuplades qui se réfugièrent sur l'immense rocher qui lui sert de base pour échapper aux poursuites des chasseurs d'esclaves. M. l'abbé Bouche, ancien missionnaire au Dahomey, dit que la population d'Abekouta est industrieuse, intelligente, hospitalière et

----

(1) *Explorateur*, 20 juillet 1876.

bonne. Elle est défendue par des troupes formées à la discipline européenne par le nègre Samuel Crowther, qui, vendu tout jeune comme esclave, fut conduit à Londres où, durant vingt années, il se forma aux coutumes et aux mœurs européennes; aussi les armées du roi de Dahomey, malgré le fameux corps d'amazones, vinrent-elles constamment se briser contre les remparts de la vaillante cité libre. On conçoit que les Anglais établis dans le port de Lagos, qui sert de débouché à Abekouta, tiennent à protéger son indépendance, de même qu'ils trouvent dans sa population de précieux auxiliaires contre les Dahoméens.

Comme on le voit, beaucoup a été fait déjà pour arriver à la connaissance complète de l'intérieur de l'Afrique ; mais il reste encore beaucoup à faire, et les obstacles ne manquent pas sur les pas des courageux explorateurs. La mauvaise volonté et quelquefois la cupidité ou la férocité des indigènes, l'insalubrité du climat, l'absence de voies de communication, la difficulté de se procurer et de transporter avec soi les vivres, munitions, instruments, marchandises destinées à payer la subsistance des voyageurs, se combinent et s'ajoutent pour barrer la route et décourager les plus résolus. Un souverain intelligent et passionné pour la science s'est ému de cet état de choses et a conçu la noble pensée de réunir en un faisceau, pour leur donner plus de force, les efforts que font incessamment les sociétés savantes d'Europe en vue d'aplanir ces obstacles de toutes sortes. Sa Majesté le roi des Belges a pensé justement que le défaut de coordination dans les entreprises géographiques les faisait aboutir à de stériles résultats et, pour y remédier, il a convoqué, au mois de septembre, dans sa capitale, Bruxelles, les présidents des sociétés de géographie, les voyageurs, les savants portant intérêt aux explorations africaines. Beaucoup ont répondu à cet appel ; la France y était représentée par l'illustre président de la Société de Géographie de Paris, M. le vice-amiral baron de La Roncière Le Noury, par MM. Duveyrier, Maunoir et le marquis de Compiègne. M. de Lesseps ne put aller porter son adhésion que plus tard. Sous la présidence de Sa Majesté, le Congrès ainsi formé a décidé qu'il y avait lieu d'adopter un plan général d'exploration en Afrique en poursuivant un triple but : intérêt de la science par l'étude de l'orographie et de l'hydrologie de ces vastes régions; intérêt du commerce, par la création de voies de communication; intérêt de la civilisation, par la suppression de la traite des nègres.

Il a été résolu que tous les efforts de l'association internationale tendraient à resserrer de plus en plus les limites des territoires inconnus, en créant de tous côtés des stations scientifiques et hospitalières organisées de manière à fournir aux voyageurs les instruments, les munitions, les approvisionnements de toutes sortes qui leur seraient indispensables pour pénétrer dans ces territoires. En cas d'accident le forçant à se replier sur la station de départ, l'explorateur y trouverait les moyens de se ravitailler et de se retremper pour reprendre bientôt sa marche en avant. A mesure que les limites de l'inconnu reculeront, le stations s'avanceront; de telle sorte que les résultats obtenus par chaque voyageur seront à tout jamais acquis à la science et à la civilisation.

Dès à présent, il va être établi une ligne de ces stations avec communications assurées sur l'itinéraire récemment suivi par le lieutenant Cameron. Ujidji, Nyangoué, etc. seront donc les premiers points occupés par les soins de l'association. Plus tard, on s'occupera de tracer des lignes transversales dans la direction nord et sud.

L'association internationale sera représentée par une grande commission présidée par Sa Majesté le roi des Belges et composée de tous les présidents des Sociétés de Géographie adhérentes, plus trois membres nommés par chacune de ces Sociétés. Sa Majesté se réserve le droit d'y adjoindre les princes qui exprimeraient le désir d'en faire partie. En outre un comité exécutif, présidé également par le roi et composé de MM. de Quatrefages, pour la France, sir Bartle Frere, pour l'Angleterre, et le docteur Nachtigal, pour l'Allemagne, sera chargé d'assurer l'exécution des résolutions prises par la commission internationale et de recueillir les souscriptions. Le secrétaire et le trésorier de ce comité seront désignés par le président. Enfin chaque Société de Géographie adhérente nommera un comité national qui devra s'efforcer de provoquer les souscriptions dans son pays.

Nous sommes heureux d'annoncer que, déjà, M. Ferdinand de Lesseps a fait abandon en faveur de la Société internationale d'un prix de 5,000 francs que lui a récemment décerné l'Institut pour ses travaux sur l'Égypte; Madame Heine Furtado a fait don de 20,000 francs à la même société.

CONCLUSION

Nous terminerons ici notre revue des événements géographiques dont l'Afrique a été le théâtre dans ces dernières années, en indiquant les enseignements qui doivent
en ressortir pour nous. Nos lecteurs ont certainement
remarqué l'intelligente activité que déploie la nation anglaise en vue d'assurer sa prépondérance sur toute la
surface de cette vaste terre. De tous côtés, on voit des
missions anglaises puissamment, richement organisées,
assurées de l'appui énergique des associations privées et
du gouvernement, s'élancer, par toutes les routes parais-
sant praticables, vers le cœur du grand inconnu. Dans le
Nord-Ouest, une nombreuse commission de topographes
cherche les moyens de pénétrer jusqu'à Timbouctou, soit
en introduisant la mer dans le Sahara occidental, soit en
détournant, vers une colonie assise sur la côte, les caravanes qui se rendent actuellement au Maroc. Au Nord-Est,
depuis plusieurs années déjà, sous le couvert de l'autorité khédiviale et avec le concours des bataillons égyptiens, de courageux officiers anglais poursuivent la grande
œuvre de la civilisation et de la colonisation des fertiles
régions où le Nil prend sa source. Nos voisins d'Outre-
Manche n'auront garde d'oublier que Speke a eu l'honneur de découvrir les vraies sources du grand fleuve et

que Speke était Anglais. Dans l'Est, la mission Livingstonia, justement fière de l'illustration de son patron,
exploite l'influence de son nom si chèrement achetée, et
fonde une colonie religieuse et commerciale sur les rives
du lac Nyassa. Cameron vient de traverser de part en
part l'Afrique équatoriale et rêve déjà la création d'une
grande compagnie anglaise pour l'exploitation des vastes
territoires admirablement arrosés qu'il vient de découvrir.
A l'extrémité Sud, la florissante colonie du Cap travaille
patiemment et sûrement à étendre sa domination sur les
régions voisines, et ne se laisse pas décourager par la
résistance opiniâtre des anciens colons hollandais refoulés
vers l'intérieur, mais défendant pied à pied le sol arrosé
de leurs sueurs. Enfin, à l'ouest, le gouvernement britannique poursuit sans relâche l'asservissement des sauvages et sanguinaires royaumes qui ont longtemps ap-
provisionné d'esclaves les deux Amériques; l'abolition
de l'odieux trafic leur a servi de prétexte, dans le début,
pour intervenir dans les affaires de ces peuplades, et aujourd'hui le pavillon anglais flotte sur presque tous les
ports et à l'embouchure de tous les fleuves de la côte.
Une négociation s'était ouverte entre la France et l'Angleterre pour un échange de territoires qui devait assurer
à la dernière de ces puissances la domination exclusive
de toute la Guinée septentrionale; cette négociation n'a
pas abouti, mais l'œuvre de conquête ne s'en poursuit
pas moins; bientôt nos maigres établissements seront
noyés dans un nouvel empire britannique comme Pondi-
chéry, Chandernagor, Mahé, dans le vaste empire des
Indes. Ne voit-on pas, dans ce grand ensemble d'efforts
combinés, l'exécution d'un plan général merveilleusement
conçu, et dont l'exécution marche avec un esprit de
suite et un concours de dévouements personnels vraiment
admirables ?

A côté de cela, qu'avons-nous fait en France? Sans
doute quelques-uns de nos compatriotes ont su déployer
sur le sol africain autant d'énergie, de patience et de
courage, que les grands explorateurs anglais, et l'on peut
dire, Dieu merci, que la valeur individuelle est aussi
grande chez nous que partout ailleurs. Mais ces efforts
isolés sont presque demeurés stériles, parce qu'ils n'ont
trouvé dans le pays aucun encouragement. Il serait in-
juste de méconnaître ce qui a été fait en faveur de l'expédition de M. Savorgnan de Brazza sur l'Ogôoué ; le
ministère de la marine a fait tout son possible pour
aider le jeune voyageur dans ses premiers pas ; notre
devoir est de déclarer hautement que le gouvernement
s'est montré à son égard aussi généreux que le commerce français l'a été peu en lui refusant les petites pa-
cotilles d'échantillons qu'il sollicitait. D'autre part, l'administration de notre colonie d'Algérie a également favo-
risé M. Largeau en lui fournissant des moyens de transport pour ses deux premières explorations. Mais croit-on
avoir assez fait pour l'honneur et l'intérêt de la France?
En matière de colonisation et d'influence dans les pays
lointains, s'arrêter c'est tomber : en un moment de noble
ambition, nous avons entendu des voix éloquentes et
patriotiques proposer de grandes et audacieuses entreprises : la mer intérieure de Roudaire, le chemin de fer
transsaharien, l'expédition Largeau d'Algérie au Sénégal
ou à la Côte-d'Or, pour ne parler que de celles qui con-
cernent l'Afrique. Tous nous y avons applaudi, quoique
ces beaux projets n'aient pas trouvé chez nous l'écho
qu'ils méritaient ; mais ces applaudissements platoniques
ne suffisent pas, il faut agir. Deux importantes expéditions se préparent, qui doivent poser les premiers jalons
du grand chemin de fer transsaharien : celle de M. L.
Say, enseigne de vaisseau, et celle de M. Largeau. Elles

doivent faire route ensemble jusqu'aux derniers postes français et là se séparer : M. L. Say allant explorer le massif montagneux du Ahaggar, M. Largeau appuyant plus à l'Ouest et se dirigeant droit vers Timbouctou et de là sur le Sénégal ou la Côte-d'Or. La première de ces expéditions ne sollicite rien, son jeune chef en fait tous les frais et n'attend que l'autorisation du gouvernement pour partir. Mais l'autre a besoin du concours de tous ; elle fait appel à la générosité de tous les Français, parce que c'est une œuvre patriotique, au moins autant que scientifique. Il s'agit du développement de nos colonies d'Algérie et du Sénégal ; il s'agit d'établir, non une domination directe, mais notre influence prépondérante, politique et commerciale, sur les tribus errantes du Sahara ; il s'agit d'attirer chez nous les caravanes d'une immense contrée dont les productions sont abondantes et variées, et se sont jusqu'à présent obstinément détournées de nos comptoirs.

On oublie trop facilement en France qu'une nation ne peut être grande et prospère qu'à la condition d'étendre son action au dehors, le plus loin possible, par tous les moyens en son pouvoir, mais surtout en encourageant magnifiquement ceux de ses enfants qui exposent leurs santés et même leurs vies pour l'accroissement de sa puissance et de sa gloire. Regardons ce que font nos voisins : ils accordent la sépulture royale de Westminster au docteur Livingstone ; ils reçoivent avec les honneurs du triomphe le lieutenant Cameron à son retour de sa traversée de l'Afrique Équatoriale. Voilà ce que fait une nation qui veut être grande ; mais nous n'en demandons pas tant à la France ; nos explorateurs ne rêvent pas des récompenses royales, ils ne réclament que l'appui moral du gouvernement et les sommes nécessaires pour couvrir les frais de leurs entreprises. Nous avons à nos portes

une magnifique colonie dont les postes avancés pénè-
trent jusque dans le Sahara, tandis qu'une autre, le Sénégal, occupe fortement l'embouchure d'un des fleuves
les plus importants du Soudan; comment ne songerions-
nous pas à relier entre elles ces deux belles possessions
qui semblent se tendre la main, surtout lorsque la route
qui les unirait nous assurerait inévitablement la domination effective de tout le haut Niger et des riches contrées qu'il arrose ? L'occasion s'offre à nous de réaliser
ce plan et nous n'avons qu'à la saisir; mais, ne l'oublions
pas, si nous la laissons échapper, d'autres se glisseront
entre nos deux colonies et nous enlèveront, d'un coup,
tout le bénéfice que nous pourrions si facilement recueillir. Ils sont à l'œuvre, hâtons-nous, il n'est que
temps!

FIN.

TABLE DES MATIÈRES

Paris. — Imprimerie Moderne (Gauthier, d'), 61, rue J. J. Rousseau.

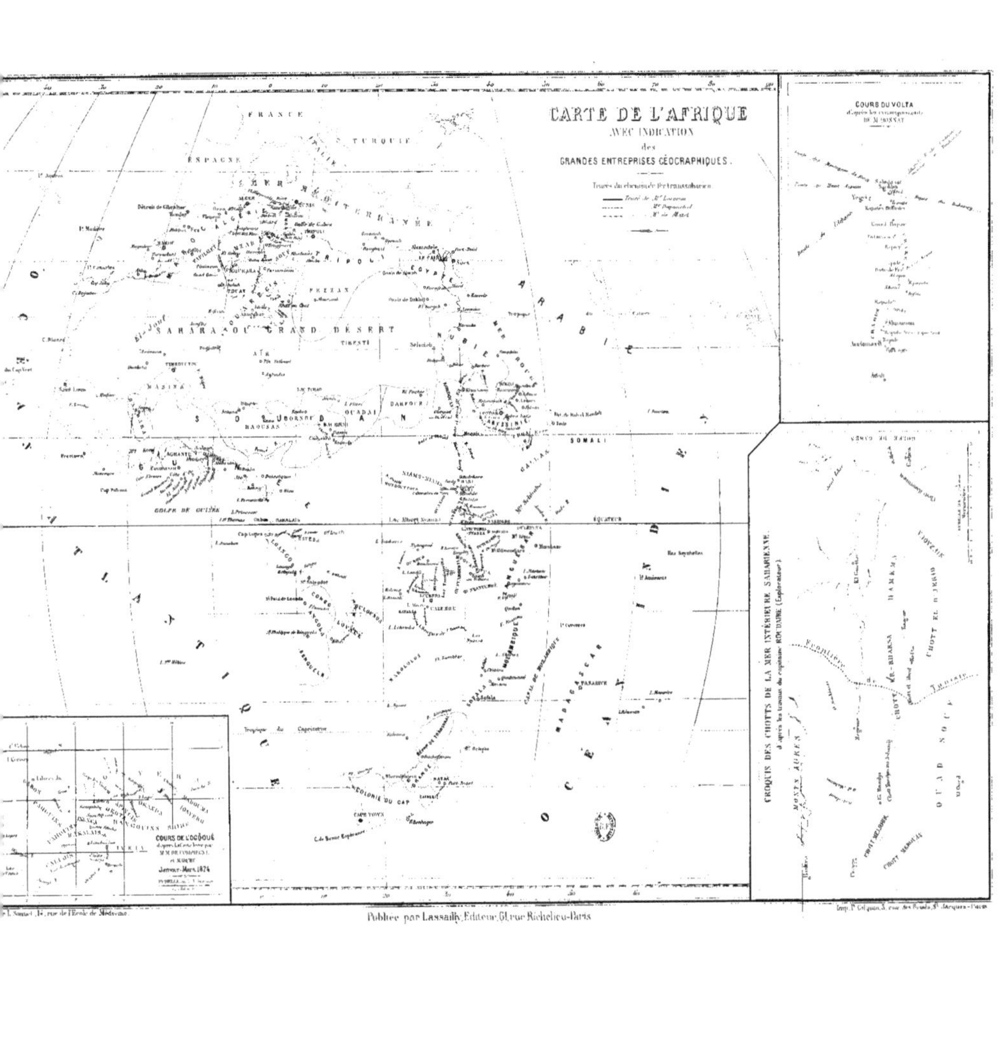

CARTE DE L'AFRIQUE
AVEC INDICATION
des
GRANDES ENTREPRISES GÉOGRAPHIQUES
COURS DU VOLTA
CROQUIS DES CHOTTS DE LA MER INTÉRIEURE SAHARIENNE
COURS DE L'OGÔOUÉ
Publiée par Lassailly, Éditeur, 61, rue Richelieu-Paris

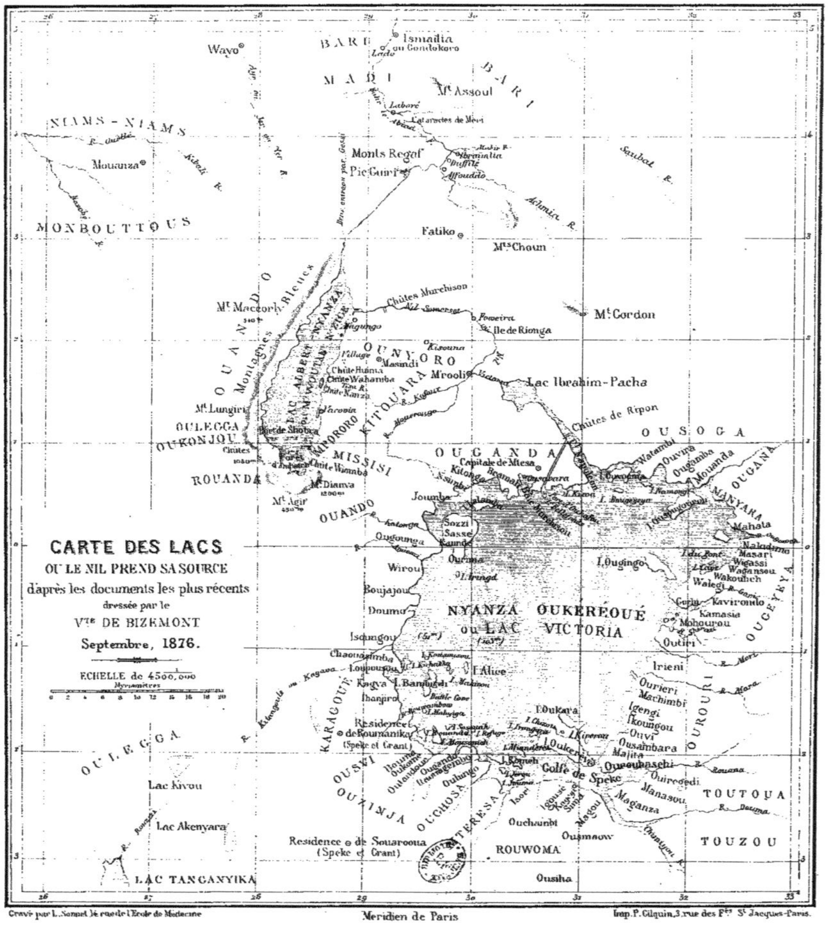

CARTE DES LACS
OÙ LE NIL PREND SA SOURCE
d'après les documents les plus récents
dressée par le
Vte DE BIZEMONT
Septembre, 1876.
ECHELLE de 4.500.000
Myriamètres
Gravé par L. Sonnet 18 rue de l'Ecole de Médecine
Méridien de Paris
Imp. P. Gilquin, 3 rue des Frts St Jacques-Paris.

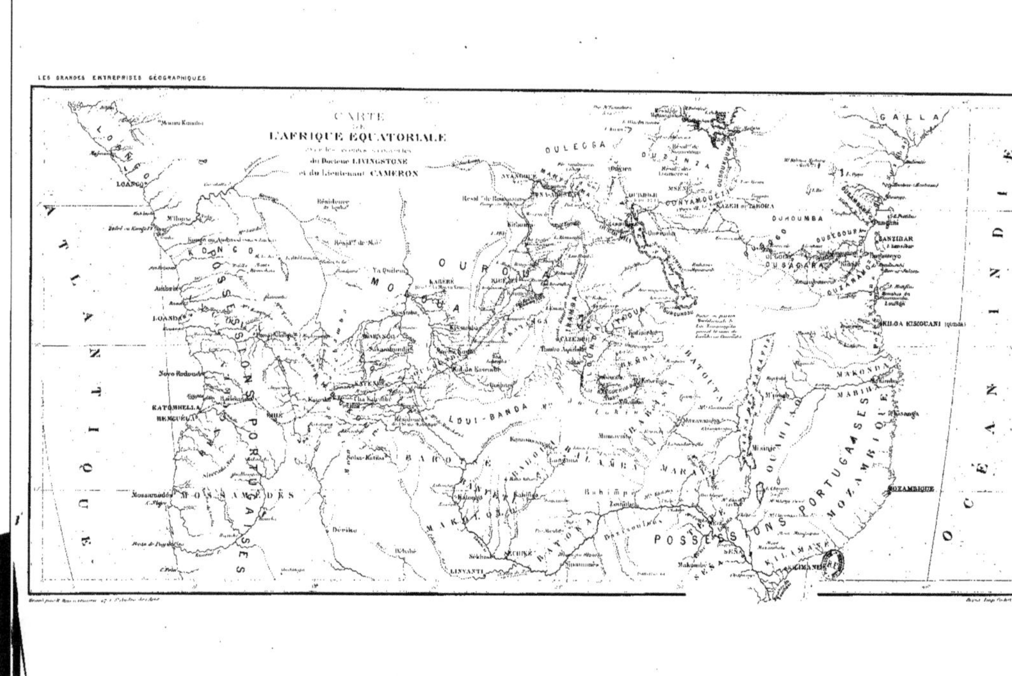
CARTE
DE
L'AFRIQUE ÉQUATORIALE
d'après les récentes découvertes
du Docteur LIVINGSTONE
et du Lieutenant CAMERON
OCÉAN ATLANTIQUE
OCÉAN INDIEN
LOANGO
LOANGO
KONGO
POSSESSIONS PORTUGAISES
LOANDA
KATOMBELLA
BENGUELLA
MOSSAMEDÈS
MOSSAMEDÈS
MOUROU
OUROUA
BAROTSE
LOUI-BANDA
MAKOLOLO
LINVANTI
MARAVI
BATOITA
POSSESSIONS PORTUGAISES MOZAMBIQUE
MOZAMBIQUE
OULEGGA
OUNIA
CONYAMOUÉZI
OUROUMBA
OUSAGARA
ZANZIBAR
KILOA KISSOUANI (quiloa)
MAKONDA
GALLA

LES GRANDES
ENTREPRISES GÉOGRAPHIQUES

387 — PARIS, Imp. LALOUX Fils et GUILLOT
7, rue des Canettes, 7.